HEYNE BÜCHER

HEYNE KOCHBÜCHER

VINCENZO BUONASSISI

Nudel & Nudel

Die besten Rezepte Italiens
für Spaghetti, Makkaroni, Lasagne, Canneloni,
Tagliatelle, Gnocchi, Tortellini

WILHELM HEYNE VERLAG
MÜNCHEN

HEYNE-BUCH Nr. 07/4333
im Wilhelm Heyne Verlag, München

Titel der italienischen Originalausgabe
IL CODICE DELLA PASTA
Deutsche Übersetzung und Bearbeitung von
Marion Morawek und Herta Orlamünde

2. Auflage

Genehmigte, ungekürzte Taschenbuchausgabe

Printed in Germany 1983
Umschlagbilder: STUDIOH! Produktionsgesellschaft für audiovisuelle Kommunikation m.b.H., Sigi Bumm, München
Bildnachweis: Fotostudio Teubner, Füssen
Umschlaggestaltung: Atelier Heinrichs & Schütz, München
Satz: Schaber, Wels
Druck: Ebner Ulm

ISBN 3-453-40323-1

Inhalt

Über den Autor 6
Über dieses Buch 7
Zur Geschichte der Teigwaren 8
So kocht man Teigwaren 10
Grundrezept für den Nudelteig 11
Rezepte mit Gemüse 13
Rezepte mit Gemüse und Käse 29
Rezepte mit Gemüse, Käse und Eiern 47
Rezepte mit Fisch 57
Rezepte mit hellem Fleisch 77
Rezepte mit Schweinefleisch 91
Rezepte mit dunklem Fleisch 117
Rezepte mit Wild 145
Von agnolini bis zite — die wichtigsten Nudelarten Italiens 152
Register 154

Über den Autor

Vincenzo Buonassisi, geboren in Aquila, promovierte in Rechtswissenschaften und schrieb zahlreiche Kochbücher, unter anderem »Die Küche des Falstaff«, »Das Buch der Polenta« und »Die Küche im Freien«. Er veröffentlichte Erzählungen wie »Der Autorenfresser«, die 1968 den Bordighera-Preis für humoristische Literatur erhielt. Seit 20 Jahren ist er Mitarbeiter des »Corriere della Sera« und bekannt für seine Reportagen über die gute Küche und seine Musikkritiken.

Über dieses Buch

In diesem Werk gibt der Autor einen Überblick über die unglaubliche Vielfalt, die sich hinter dem italienischen Wort pasta, Teigwaren, verbirgt. Teigwaren können mit Kräutern oder Käse serviert werden, mit Gemüse, Fleisch und Fisch, als Hauptgang, Vorspeise oder Dessert; Teigwaren können gekauft oder selbstgemacht werden.

Die meisten Rezepte dieses Buches stammen aus der italienischen Küche. Sie sind schlicht, aber nicht anspruchslos, denn sie erfordern erstklassige Zutaten und sorgfältige Zubereitung. Einige Gerichte jedoch sind langwierig zuzubereiten, denn der Autor hat auch historische Rezepte mit in die Sammlung aufgenommen, die bis in die Renaissance zurückreichen.

Typisch für die Küche Süditaliens sind die einfachen, mit Kräutern gewürzten Gerichte; Norditaliens Küche ist aufwendiger und raffinierter. Der Autor hat sich bei der Rezeptzusammenstellung so weit wie möglich an die authentische Zubereitung gehalten; viele der Rezepte wurden bisher nur mündlich überliefert. Zu manchen von ihnen gibt es aber so viele Variationen, daß es unmöglich war, das Originalrezept herauszufinden. Daher werden einige Gerichte mit mehreren Abwandlungen vorgestellt. Diese Abwandlungen sind auch Anregungen zu eigenen Versuchen, die Rezepte dem Angebot anzupassen, das man auf unseren Märkten findet.

Für viele Rezepte wird eine bestimmte Nudelart angegeben. Sie kann ohne weiteres durch eine andere, ähnliche Sorte ersetzt werden.

Die Garzeiten für die Gerichte sind nicht immer genau angegeben. Italienische Köchinnen verlassen sich mehr auf das Ausprobieren als auf die Uhr, und das empfehlen wir Ihnen für diese Rezepte ebenfalls.

Zur Geschichte der Teigwaren

Seit frühesten Zeiten kennt man nudelähnliche Lebensmittel. Denn schon in der vorgeschichtlichen Epoche gab es Gerichte, für die flache, auf Steinen gebackene Teigfladen in Streifen geschnitten und in die Suppe gegeben wurden. Daß die alten Griechen und Römer solche Teigstreifen häufig aßen, haben Archäologen wie Literaturhistoriker festgestellt. In etruskischen Wandgemälden zum Beispiel entdeckte man Abbildungen von Nudelrollen und Teigrädchen. Und Horaz besingt die Freuden des Heimkommens, wenn ihn eine Schüssel Suppe aus Kichererbsen, Porree und »lagano« erwartet. »Lagano« ist die Bezeichnung für diese gebackenen Teigstreifen; ein Name, den man in manchen Gegenden Italiens noch heute für eine Nudelart verwendet. Allerdings dürfen wir uns diese Teigstreifen den heutigen Nudeln nicht zu ähnlich vorstellen. Sie waren eher wie Streifen von Eierkuchen oder Pizza, und man aß sie mit Vorliebe süß. Manch heutiger Italiener würde sich schütteln, wüßte er, daß seine Vorfahren die Nudeln am liebsten mit Honig und Pfeffer verzehrten.
Irgendwann zwischen Spätantike und Frühmittelalter kamen dann findige Köche darauf, den Nudelteig nicht gesondert zu backen und zu zerschneiden, sondern ihn nur leicht antrocknen zu lassen, zu zerschneiden und in dem Gericht selbst zu garen. Erst von da an können wir von Teigwaren im heutigen Sinne sprechen. Im Mittelalter »entdeckte« man auch die gefüllten Nudelteigtaschen, wie Tortellini, Ravioli und ähnliches. All diese Nudeln waren aus frischem Teig und mußten schnell verbraucht werden. Die Araber waren es, die die Methode entdeckten, den Nudelteig um dünne Stöckchen zu rollen und an der Luft zu trocknen. So wurde die Nudel haltbar und konnte von Karawanen mühelos auf lange Reisen mitgenommen werden – und so kam das Loch in die Makkaroni! Diese Methode des Nudeltrocknens wurde in Italien bald übernommen. Es ist daher notwendig, hier eine der liebgewordenen Legenden zu zerstören, wie sie sich rund um die Geschichte der Eßkultur ranken. Es war nämlich keinesfalls Marco Polo, der den er-

staunten und dankbaren Italienern die Nudel aus China mitbrachte. Als er wiederkehrte und berichtete, man esse im Fernen Osten etwas, das »unseren Lasagne ähnelt«, waren frische wie getrocknete Nudeln in seiner Heimat längst populär.

Noch aber fehlte die Zutat, die aus der italienischen Nudel erst das wahre Volksgericht macht: die Tomate. Erst nach langen Kämpfen und vielen kulinarischen Mißverständnissen wurde sie im 17. Jahrhundert in Neapel heimisch. Von da an waren aus der italienischen Volksküche Nudeln und Tomaten nicht mehr fortzudenken.

Den Spaghetti mit Tomatensauce und den Neapolitanern verdanken wir auch die Gabel in ihrer heutigen Form. König Ferdinand II. aß sehr gern Spaghetti mit Tomaten, verzehrte sie aber den damaligen Sitten entsprechend mit der Hand, denn die übliche Gabel war lang und spitz und hatte nur drei Zacken, die die langen Nudeln nicht halten konnten. Da man das Spaghettiessen aus der Hand aber für unfein hielt, wenn Gäste am Hofe weilten, entwarf ein Haushofmeister für den König eine neue Gabel, mit der man auch Spaghetti auf »zivilisierte« Art essen konnte – eine kleine, stumpfe, vierzinkige Gabel, die das Vorbild für unsere heutigen Gabeln wurde!

Durch italienische Auswanderer kamen die Teigwaren nach italienischer Art auch in die neue Welt, wo sie heute von den Speiseplänen nicht mehr fortzudenken sind. Allerdings gibt es in amerikanischen Kochbüchern hin und wieder Mißverständnisse darüber, wie lange man Nudeln kochen sollte. Ein amerikanisches Kochbuch von 1946 empfiehlt zum Beispiel, nach dem Kochen einige Spaghetti gegen die Wand zu werfen. Wenn sie kleben bleiben, sind sie gut.

Auch in Deutschland hatte man lange Zeit eine merkwürdige Vorstellung über die Kochzeit von Nudeln. Die klebrigen, pappigen Nudeln der sogenannten »bürgerlichen Küche« sind wahrscheinlich der Grund dafür, daß mancher Deutsche auch heute noch Teigwaren skeptisch gegenübersteht – oft aus schierer Unkenntnis. Seit es aber bei uns zahlreiche italienische Restaurants gibt, lernt man auch hier die Kunst kennen, Nudeln mit Biß, »al dente«, zu kochen, und sie mit immer neuen Beilagen zu variieren.

So kocht man Teigwaren

Teigwaren sollten immer »al dente«, mit Biß, gekocht werden und nicht aneinanderkleben. Daher rechnet man für 100 g Nudeln etwa 1 l Wasser, mindestens aber ½ l. Das Wasser wird leicht gesalzen und muß sprudelnd kochen, wenn die Nudeln hineingeschüttet werden. Lange Spaghetti taucht man zuerst mit dem unteren Ende ins Wasser und schiebt sie dann langsam nach, wenn sie weich werden. Die Garzeit ist sehr unterschiedlich, je nach Dicke der Nudeln zwischen 7 und 15 Minuten. Die durchschnittliche Garzeit für Spaghetti beträgt 10 Minuten. Am besten prüft man, wie weich die Nudeln sind, indem man eine mit der Gabel zerteilt. Läßt sie sich leicht zerdrücken, bietet aber noch Widerstand, dann ist sie gut. Die fertigen Nudeln schüttet man in ein Sieb und läßt sie gut abtropfen. Abschrecken sollte man sie nicht, weil sie dann zu kalt werden, und Nudelgerichte sollten immer sehr heiß serviert werden.

Grundrezept für Nudelteig

Die Faustregel zur Herstellung der klassischen Pasta: auf je 100 g Mehl ein Ei. Man kann die Anzahl der Eier auch reduzieren, je nachdem, für welches Rezept man die Nudeln braucht. Je mehr Eier der Teig enthält, desto mehr gehen die Nudeln beim Kochen auf. In diesem Buch ist das Mischungsverhältnis von Mehl und Eiern jeweils angegeben.

Es ist ratsam, die Pasta in einem Raum herzustellen, der weder zu warm noch zu kalt ist und in dem keine Zugluft herrscht.

Das Mehl kegelförmig auf ein Backbrett oder auf die Arbeitsfläche häufen und in die Mitte eine Mulde drücken. Die Eier aufschlagen und nacheinander mit einer Prise Salz in die Mulde geben. Dann das Mehl langsam vom Rand aus über die Eier streuen und alles sehr vorsichtig miteinander vermengen. Nach und nach kräftiger durchkneten, damit der Teig fest wird. Achtgeben, daß sich die Eier vollständig mit dem Mehl vermischen. Eventuell etwas Öl (ca. 1 EL) hinzufügen, das verfeinert den Geschmack der Pasta. Den Teig gut durcharbeiten; er darf nicht hart werden, weil er sich dann nicht mehr ausrollen läßt. Wenn er zu trocken wirkt, vorsichtig lauwarmes Wasser dazugeben. Es ist unmöglich, ganz genaue Mengen oder Zeiten anzugeben, da Eiergröße und Mehlqualität variieren; jedoch sollte der Teig nach etwa 15–20 Minuten glatt und geschmeidig sein. Eine Kugel formen und unter einem angefeuchteten Tuch 30 Minuten lang ruhen lassen. Dann in mehrere Stücke teilen und jedes Stück mit einem Nudelholz auf einer bemehlten Arbeitsfläche zu der gewünschten Dicke (ein bis zwei mm) ausrollen. In Streifen schneiden (für Tagliatelle oder Fettucine) oder in Rechtecke (für Lasagne und Teigtaschen). Die Nudeln vom Brett nehmen und mehrmals von einer Hand in die andere werfen, damit sie nicht aneinander kleben bleiben. Man kann sie nun sofort in sprudelnd kochendem Wasser kochen, je nach Dicke der Nudeln 7–10 Minuten lang. Man kann sie aber auch mit Mehl bestreuen, leicht antrocknen lassen und dann an einem kühlen, trockenen Ort einige Tage lagern, bis man sie verbraucht.

In diesem Buch sind alle Rezepte für ca. 6 Personen berechnet.

Rezepte mit Gemüse

Spaghettigericht aus dem ligurischen Küchengarten

Spaghetti dell'orto ligure

500 g Spaghetti,
10 EL Olivenöl,
reichlich Bohnenkraut,
Majoran, Basilikum,
Petersilie, Estragon,
Schnittlauch, Thymian,
Salz

Die frischen Kräuter werden gehackt oder im Mörser zerstoßen; man rechnet pro Person einen gehäuften Eßlöffel der Kräutermischung. Die Spaghetti kochen, mit dem Öl vermischen und die Kräuter beifügen.
Dieses Rezept stammt von einer Liebhaberin der guten Küche, die die Frische und den Duft der Kräuter aus ihrem Küchengarten in Lerici direkt auf den Tisch bringt. Es ist nur schwierig, alle diese Kräuter frisch zu bekommen, um die perfekte Abrundung und die Harmonie des Gerichtes zu erhalten.

Spaghetti mit Knoblauch und Öl

Spaghetti aglio e olio

500 g Spaghetti,
8 EL Olivenöl,
6 Knoblauchzehen,
Salz, Pfeffer,
Petersilie

Das Öl in der Pfanne erhitzen, die gehackten Knoblauchzehen hineingeben und warten, bis sie gelblich werden. (Wenn Knoblauch schwarz wird, bekommt er einen zu strengen, verbrannten Geschmack.) Dann eine Handvoll nicht zu fein gehackter Petersilie und frisch gemahlenen Pfeffer beifügen.
Die gekochten Spaghetti mit dieser Sauce vermischen. Wichtig ist bei diesem Gericht, die Sauce und die Spaghetti zur gleichen Zeit fertig zu haben, sonst verliert es an Aroma. Außerdem muß reichlich Öl verwendet werden, damit die Spaghetti geschmeidig sind; jedoch dürfen sie nicht in Öl schwimmen.

Variante I: Knoblauchzehen zerdrücken, bei schwacher Hitze etwas länger in dem Öl lassen, damit das Öl den Geschmack annimmt; dann herausnehmen.
Variante II: Chili- oder Cayennepfeffer statt schwarzem Pfeffer nehmen.
Variante III: Rosmarin statt Petersilie verwenden.

Bucatini mit Zwiebelsauce

Bucatini con salsa di cipolle

500 g Bucatini oder andere Nudeln,
4 große Zwiebeln,
120 g Butter,
Majoran, Thymian,
Salz, Pfeffer

80 g Butter in einer Pfanne zerlassen, die feingeschnittenen oder gehackten Zwiebeln hineingeben und bei ganz kleinem Feuer schmoren, bis die Zwiebeln glasig werden. Mit Majoran, Thymian, Pfeffer und Salz würzen. Die Nudeln »al dente« kochen, in dem Rest der Butter schwenken, mit der Zwiebelsauce vermengen und servieren.

Nudeln mit Walnußsauce

Bucatini con salsa di noci

500 g Nudeln,
120 g Walnußkerne,
2 EL Olivenöl,
Salz, Pfeffer

Die Walnußkerne hacken, aber nicht zerdrücken; in heißes Öl geben. Dabei beachten, daß sie schmoren ohne zu verbrennen. Etwas Salz und reichlich frisch gemahlenen Pfeffer dazugeben und mit den gekochten Nudeln vermischen.

Variante: Geriebenen Schafskäse oder Parmesankäse extra dazu servieren.

Spaghetti mit Olivensauce

Spaghetti con salsa di olive

500 g Spaghetti oder andere Nudeln,
500 g schwarze Oliven,
Olivenöl,
Lorbeer,
wilder Fenchel,
Origano,
Zimt

Die Oliven entkernen, in kleine Stücke schneiden und in einer Schüssel zerdrücken. Lorbeer, etwas Fenchel, Origano und eine Prise Zimt hineinrühren. Diese Masse einige Tage, am besten eine Woche lang an einem kühlen Ort durchziehen lassen. Die Flüssigkeit wird dann von den Oliven aufgenommen, und es entsteht eine dickliche Sauce.
Zubereitung: Während die Nudeln kochen, etwas Öl in die Sauce geben, damit sie geschmeidig wird, und zum Schluß mit den Nudeln vermischen.

Variante: Eine einfache Tomatensauce, aus Öl und Tomatenmark gekocht, mit der Olivensauce verrühren.

Spaghetti mit Tomatensauce, Knoblauch und Zwiebel

Spaghetti con salsa di pomodori, aglio e cipolla

500 g Spaghetti,
5 EL Olivenöl,
1 kg Tomaten,
½ Zwiebel,
1 Knoblauchzehe,
Petersilie,
Salz, Pfeffer

Das Öl in der Pfanne erhitzen, Zwiebel und Knoblauch in feinen Scheiben beifügen. Wenn die Zwiebel glasig wird, die gehäuteten und zerkleinerten oder pürierten Tomaten hineingeben. Petersilie, Salz und Pfeffer beifügen und so lange kochen lassen, bis die Sauce dicklich wird; dann mit den gekochten Spaghetti vermischen.

Variante I: Zu den Tomaten Origano geben.
Variante II: Statt Petersilie Basilikum nehmen.
Variante III: Geriebenen Schafskäse extra servieren.
Variante IV: Statt Öl Schweineschmalz verwenden.

Nudeln mit Auberginen

Spaghetti con le melanzane

500 g Spaghetti oder andere Nudeln,
3 große Auberginen,
Olivenöl,
Salz,
Knoblauch,
Petersilie

Der Geschmack dieses Gerichtes ist mit der traditionellen sizilianischen Zubereitung der Auberginen verbunden: Die Auberginen je nach Geschmack schälen oder nicht und in nicht zu dünne Scheiben schneiden. Die Scheiben mit Salz bestreuen und einige Stunden, besser über Nacht, stehenlassen, um ihnen den bitteren Geschmack zu nehmen. Das Wasser muß ablaufen können: z. B. die Scheiben in einen tiefen Teller legen und mit einem flachen bedecken, so daß ein leichter Druck entsteht; dabei beide Teller etwas schräg stellen.
Zubereitung: Die abgetrockneten Scheiben in einer Pfanne in reichlich heißem Öl braten; vorher in dem Öl etwas Knoblauch mit erhitzen und dann herausnehmen. Nach dem Braten die Auberginenscheiben mit einem saugfähigen Papier abtupfen, damit das Öl nicht an ihrer Oberfläche haften bleibt. Inzwischen die Nudeln kochen und in eine Schüssel geben, die Auberginen obenauf legen und mit etwas Öl übergießen.

Variante: Ein kleines Stück einer roten Pfefferschote zuerst mit dem Knoblauch im Öl erhitzen, dann herausnehmen.

Nudeln mit Rosenkohl nach sizilianischer Art

Pasta con broccoletti alla siciliana

500 g Nudeln,
600 g Rosenkohl (oder Broccoli, oder Blumenkohlröschen),
50 g Pinienkerne,
50 g Korinthen,
Salz, Pfeffer,
Safran,
4 EL Olivenöl,
1 Zwiebel

Den Rosenkohl nicht zu weich kochen und das Gemüsewasser beiseite stellen. Öl in der Pfanne erhitzen, die fein geschnittene Zwiebel beifügen, dann die vorher eingeweichten Pinienkerne und Korinthen dazugeben. Wenn die Zwiebel glasig wird, Safran hinzutun, der vorher in einem Löffel mit etwas warmem Wasser verrührt wird. Zum Schluß den Rosenkohl in die Sauce geben. Die Nudeln in dem Gemüsewasser kochen und mit der Sauce vermengen.

Nudeln mit Pilzen

Bucatini con i funghi

500 g Nudeln,
300 g frische Pilze,
Olivenöl,
2 Knoblauchzehen,
Zitronensaft,
Petersilie,
Salz, Pfeffer

Am besten schmecken zu diesem Gericht Pfifferlinge; man kann jedoch auch andere, möglichst fleischige Pilze nehmen. Die Pilze werden gut gereinigt und in Stücke geschnitten. Die Knoblauchzehen zerdrücken oder in feine Scheiben schneiden und in dem Öl erhitzen, die Pilze dazugeben. Auf ganz schwachem Feuer ziehen lassen, ohne sie zu braten, mit Salz und Pfeffer würzen; wenn nötig, ein oder zwei Löffel warmes Wasser hinzufügen. Inzwischen die Nudeln kochen, zusammen mit den Pilzen und dem Öl in einer Schüssel vermengen, noch etwas kaltes Öl und etwas Zitronensaft dazugießen und mit reichlich Petersilie bestreuen.

Nudeln mit Erbsen

Pasta con piselli

500 g kurze Nudeln,
600 g frische Erbsen,
3 Zwiebeln,
Salz

Die Zwiebeln sehr fein hacken und mit den Erbsen in wenig Wasser kochen – je weniger Wasser, desto besser der Geschmack. Die Nudeln in einem anderen Topf kochen, abgießen und zu den Erbsen und Zwiebeln geben, so daß eine sämige Minestra entsteht.
Diese Art der Zubereitung ist einfach und rustikal, aber sehr wohlschmeckend; es ist ein altes Rezept aus Apulien.

Nudeln mit Kartoffeln

Pasta e patate

400 g kurze, dicke Nudeln,
600 g Kartoffeln,
300 g Tomaten,
100 g Olivenöl,
1 Zwiebel,
Petersilie,
Salz, Pfeffer

Öl in einer Pfanne erhitzen. Zwiebel in feine Scheiben schneiden und dazugeben. Tomaten schälen und zerkleinern, hinzufügen und mit Salz, Pfeffer und gehackter Petersilie würzen. Einige Minuten lang kochen lassen, dann die geschälten und gewürfelten Kartoffeln beifügen und mit soviel lauwarmem Wasser begießen, daß die Kartoffeln knapp bedeckt sind. Bei niedriger Hitze leise kochen lassen. Wenn die Kartoffeln weich sind (nach etwa 30 Minuten), die in Salzwasser knapp gargekochten Nudeln daruntermischen.
Dies ist eines der deftigsten und einfachsten Rezepte der italienischen Küche. Die Zutaten können variiert werden.

Variante I: In dem Öl etwas gewürfelten Speck und gehackte Möhren und Sellerie mitdünsten.
Variante II: Statt des Wassers Fleischbrühe zum Auffüllen nehmen.
Variante III: Geriebenen Pecorino-Käse oder Parmesan dazu reichen.

Makkaroni mit Paprikaschoten

Maccheroni con i peperoni

500 g Makkaroni,
2 Paprikaschoten (1 rote, 1 grüne),
60 g Butter,
1 Knoblauchzehe,
300 g Tomaten,
Parmesan,
Petersilie,
Salz, Pfeffer

Die Paprikaschoten waschen, von den Rippen und Samen befreien und in Streifen schneiden. In einer Pfanne Olivenöl mit dem Knoblauch erhitzen, die enthäuteten und kleingeschnittenen Tomaten hineingeben und nach einigen Minuten die Paprikastreifen hinzufügen, mit Pfeffer und Salz abschmecken und ½ Stunde lang schmoren lassen. Zum Schluß etwas gehackte Petersilie darüberstreuen. Die gekochten Nudeln abgießen, in der Butter schwenken und mit der Sauce vermischen. Geriebenen Parmesan extra reichen.

Spaghetti mit Lorbeer

Spaghetti all'alloro

500 g Spaghetti,
400 g Tomaten,
15–20 Lorbeerblätter,
2 EL Butter,
2 EL Olivenöl,
2 Zwiebeln,
Salz, Pfeffer,
Zimt

Butter und Öl in einer Pfanne erhitzen und die feingeschnittenen Zwiebeln darin goldgelb rösten. Dann die geschälten, in Stücke geschnittenen Tomaten dazugeben. Mit Salz, Pfeffer und einer Prise Zimt abschmecken, die Lorbeerblätter beifügen (frische etwas zerkleinern; getrocknete vor dem Servieren herausnehmen), noch 10 Minuten auf dem Feuer schmoren lassen. Die fertige Sauce mit den inzwischen gekochten Spaghetti vermengen.

Variante: Außer dem Lorbeer einige Salbeiblätter mitschmoren lassen und 1 Glas Weinbrand in die Sauce geben.

Spaghettini mit Weintrauben

Spaghettini con l'uvetta

500 g Spaghettini (kleine Spaghetti),
120 g Weintrauben,
120 g Pinienkerne,
Olivenöl,
Salz

Die Nudeln in reichlich Salzwasser kochen; inzwischen die Weintrauben von den Kernen befreien und kleinschneiden, auch die Pinienkerne etwas zerkleinern. Die Nudeln abgießen, in Öl schwenken, alles zusammen vermischen und in eine gefettete Auflaufform füllen. Für einige Minuten in den Backofen stellen, so daß eine leichte Kruste entsteht, und servieren.
Dieses ist ein altes orientalisches Gericht, das heute noch in vielen venezianischen Familien beliebt ist.

Spaghetti nach Seemannsart

Spaghetti alla marinara

500 g Spaghetti,
1 kg Tomaten,
200 g schwarze Oliven,
1 EL Kapern,
5 EL Olivenöl,
2 Knoblauchzehen,
Salz,
Basilikum

Die Oliven entkernen und in kleine Stückchen schneiden. Die Tomaten enthäuten, von den Kernen befreien und würfeln. Nun das Öl, das Basilikum, die Kapern, Oliven, Tomaten und zerdrückten Knoblauchzehen zusammen kalt in die Pfanne geben. Bei sehr kleinem Feuer ca. eine Stunde schmoren lassen; zum Schluß die Flamme etwas höher stellen, damit der Rest der Flüssigkeit verkocht. Mit dieser würzigen Sauce werden die Nudeln vermengt, die inzwischen in reichlich Salzwasser »al dente« gekocht worden sind. Die Pasta auf Tellern oder, wie in italienischen Familien üblich, in einer großen Schüssel servieren.

Spaghetti mit Zucchini

Spaghetti con le zucchine

500 g Spaghetti,
5 Zucchini,
Olivenöl,
Salz, Pfeffer,
Petersilie

Die Zucchini in Scheiben schneiden und in heißem Öl 10 Minuten lang braten. Spaghetti in reichlich Salzwasser kochen, abgießen. Die gebratenen Zucchini mit dem Öl dazugeben und gut vermengen; oder umgekehrt, die abgetropften Spaghetti zu den Zucchini in die Pfanne geben und umrühren. Eventuell vor dem Servieren mit etwas Petersilie bestreuen.

Nudeln mit gebackenen Tomaten

Zite con pomodori al forno

500 g Nudeln (kurze Sorte),
600 g Tomaten,
2–3 Knoblauchzehen,
Olivenöl,
Salz, Pfeffer,
Petersilie

In eine flache Auflaufform, die mit Olivenöl ausgestrichen wird, die in Scheiben geschnittenen Tomaten legen. Den gehackten oder in dünne Scheiben geschnittenen Knoblauch und die gehackte Petersilie darüberstreuen, leicht pfeffern und salzen. Alles großzügig mit Öl begießen und im vorgeheizten Backofen bei starker Hitze etwa 30 Minuten lang garen. Nach Ende der Kochzeit in eine große Schüssel schütten, mit den knapp gargekochten Nudeln mischen und servieren.

Variante I: Statt der Petersilie Basilikum verwenden; auch Origano ist geeignet.
Variante II: Etwas feingehackte Pfefferschote auf die Tomaten streuen.

Lasagne mit Mohn

Lasagne con papavero

500 g Mehl,
5 Eier,
120 g Butter,
50 g Zucker,
30 g Mohnsamen,
Salz

Teig nach dem Grundrezept herstellen, in 1½ cm breite Streifen schneiden und kochen. Der Mohnsamen wird mit dem Zucker in einem Mörser zerstoßen. Die gekochten Lasagne in der zerlassenen Butter schwenken, in eine Schüssel geben, die Mohnsamen darunterheben und servieren.

Kalter Nudelsalat

Conchigliette olio e limone

300 g Muschelnudeln,
Saft einer Zitrone,
Olivenöl,
60 g Schalotten oder kleine Zwiebeln,
Salz, Pfeffer

Für dieses Gericht eignen sich am besten kleine, dicke Nudeln, z. B. in Muschelform. Die Nudeln kochen, abgießen und abkühlen lassen. Dann mit Olivenöl, Salz, Pfeffer und den kleingehackten Schalotten anmachen und gut durchziehen lassen.

Variante: Gehackte Petersilie und Tomatenstückchen in den Salat geben.

Spaghetti mit Auberginen und Paprikaschoten

Spaghetti con le melanzane e peperoni

500 g Spaghetti,
2 Auberginen,
2 Paprikaschoten,
Olivenöl,
grobes Salz,
roter Pfeffer,
Petersilie,
Knoblauch,
6 EL Tomatensaft

Die Auberginen in Würfel schneiden, mit grobem Salz bestreuen und einige Stunden liegen lassen; am besten die ganze Nacht, so wie es die alten sizilianischen Rezepte empfehlen, damit die Bitterstoffe herausgezogen werden. Gut abtrocknen und in das heiße Öl geben, das mit Knoblauch, rotem Pfeffer und Petersilie gewürzt ist; 20 Minuten schmoren lassen, die geputzten und gewürfelten Paprikaschoten und den Tomatensaft dazugeben und weitere ca. 20 bis 30 Minuten durchschmoren lassen. Inzwischen die Spaghetti in reichlich Salzwasser »al dente« kochen, abgießen, alles zusammen in eine Schüssel geben und gut vermengen.

Spaghetti mit Selleriesauce

Spaghetti con salsa di sedano

500 g Spaghetti,
5 EL Olivenöl,
½ Zwiebel,
3 Stangen Staudensellerie,
Salz, Pfeffer

Der Staudensellerie gibt diesem Rezept seinen besonderen Geschmack. Die kleingehackte Zwiebel in dem Olivenöl andünsten, dann den in sehr feine Streifen geschnittenen Sellerie dazugeben. Etwa 5 Minuten schmoren lassen. Mit Pfeffer und sehr wenig Salz würzen, denn der Sellerie hat schon von sich aus einen leichten Salzgeschmack. Die Spaghetti in reichlich Salzwasser »al dente« kochen, abgießen und mit der Sauce mischen.

Bucatini mit grünem Spargel

Bucatini con gli asparagi

500 g Bucatini oder andere Nudeln,
500 g grüner Spargel (Spitzen; die holzigen Teile wegschneiden),
6 EL Olivenöl,
Salz, Pfeffer

Das Öl in einer Pfanne erhitzen, die Spargelspitzen hineingeben und mit Salz und Pfeffer würzen. In offenem Topf 10 Minuten schmoren lassen, bei ganz kleiner Flamme, damit der Spargel nicht zerfällt. Die inzwischen gekochten Nudeln in eine Schüssel füllen und den Spargel vorsichtig darunterheben.

Variante: Zu den Spargelspitzen etwas Tomatenmark geben, dann kann auch Parmesan gereicht werden. Der delikate Geschmack des Spargels wird allerdings dadurch beeinträchtigt.

Nudeln mit Fenchel

Pasta col finocchio

500 g Nudeln,
Olivenöl,
200 g Fenchelknollen,
1 Zwiebel,
50 g Korinthen,
50 g Pinienkerne,
1 Prise Safran,
Salz, Pfeffer

Die Fenchelknollen im ganzen kochen. Das Kochwasser aufbewahren. Das Öl mit der Zwiebel in einer Pfanne erhitzen, die Korinthen und Pinienkerne, den feingehackten Fenchel und den in warmem Wasser aufgelösten Safran hineingeben und aufkochen lassen. Die Nudeln, am besten Bucatini oder gebrochene Makkaroni, in dem Fenchelkochwasser »al dente« kochen, abgießen und alles gut miteinander vermengen.

Spaghetti mit Apfelsauce

Spaghetti col sugo di mele

500 g Spaghetti,
500 g Tomaten,
1500 g Äpfel,
4 EL Olivenöl,
1 Stück Staudensellerie,
Salz,
roter Pfeffer

Das Öl in einer Pfanne erhitzen, die durchgerührten Tomaten dazugeben und durchschmoren lassen, bis sich alles bindet. Die Äpfel schälen, kochen, durch ein Sieb passieren und dazugeben, mit Salz und Pfeffer würzen. Zum Schluß den gekochten und feingehackten Sellerie hineingeben und alles mit den inzwischen gekochten Nudeln vermischen. Dieses Gericht hat einen leicht orientalischen Geschmack durch die Süße der Äpfel, die sich mit dem Aroma der anderen Zutaten verbindet.

Nudeln mit Falstaff-Sauce

Pasta con la salsa Falstaff

500 g Nudeln,
50 g Meerrettich,
100 g Pilze,
1 Zwiebel,
1 Gewürzgurke,
50 g frischer Blumenkohl,
Essig,
Olivenöl,
Cognac,
Worcestersauce,
schwarzer und roter Pfeffer

Zwiebel, Gurke und Blumenkohl zusammen kochen, durch ein Sieb rühren und den geriebenen Meerrettich hinzufügen. Die Pilze kochen, kleinhacken und alles zusammen mit je einem Tropfen Essig und Öl verrühren, so daß eine dickliche Sauce entsteht. In eine große Schüssel geben, unter Rühren noch einmal Öl dazugießen, dann einige Tropfen Cognac, eine Prise roten Pfeffer und einige Spritzer Worcestersauce beifügen. Die inzwischen gekochten Nudeln darüberfüllen und alles gut miteinander vermengen.
Dieses außergewöhnliche Rezept erfand ein Mailänder Koch, der damit über die Grenzen seiner Stadt hinaus bekannt wurde.

Makkaroni mit Mandelsauce

Maccheroni con la salsa di mandorle (ricetta del trecento)
(Rezept aus dem 14. Jahrhundert)

500 g Makkaroni,
250 g Mandeln,
100 g Korinthen,
100 g Semmelbrösel,
Essig,
Weißwein,
Apfel- oder Kirschkonfitüre,
Ingwer,
Nelkenköpfe,
Zimt

Für unseren heutigen Geschmack mag das Rezept etwas seltsam sein, aber für Experimentierfreudige ist es ein interessantes Gericht. Mandeln und Semmelbrösel anrösten und mit den Korinthen zusammen in einem Mörser zerstampfen. Zu dieser Masse die Konfitüre, je einen Tropfen Wein und Essig, Ingwer, Zimt und die zerstoßenen Nelkenköpfe geben und alles gut miteinander verrühren. Diese Sauce über die gekochten Makkaroni gießen und servieren.

Rezepte mit Gemüse und Käse

Nudeln mit Butter und Parmesan nach englischer Art

Pasta al burro e parmigiano all'inglese

500 g Nudeln,
130 g Butter,
130 g Parmesankäse,
Salz, Pfeffer

Die Nudeln wie gewohnt kochen und mit der Butter und dem geriebenen Parmesan vermischen. Dies kann nach zwei unterschiedlichen Methoden geschehen: 1. Die Butter in die Schüssel mit den Nudeln geben und die Nudeln so lange wenden, bis die Butter aufgelöst und überall verteilt ist. Dann wird der Käse beigefügt und das Ganze nochmals gut vermengt.

2. Die Nudeln in der Schüssel mit einem Teil der Butter vermischen, dann auf die tiefen Teller verteilen, in die vorher jeweils ein Stückchen Butter gelegt wurde, so daß jeder Tischgast selbst den Käse hinzufügt und alles vermischt. Es ist vielleicht günstiger, die zweite Methode anzuwenden, da die Nudeln so heißer auf den Teller kommen und weniger gewendet werden. Durch die Wärme wird der Geschmack besser zur Geltung gebracht. Ein wenig Pfeffer zuletzt macht das Gericht herzhafter.

Spaghetti mit saurer Sahne

Spaghetti alla panna acida

500 g Spaghetti,
80 g Butter,
2 dl saure Sahne,
120 g Parmesan,
Salz, Pfeffer,
Paprika edelsüß,
Muskatnuß

Die Butter in einer größeren Kasserolle schmelzen lassen, die schon gekochten Nudeln hineingeben und umrühren. Die saure Sahne mit Paprika, Muskatnuß, Pfeffer, Salz, einem Teil des geriebenen Parmesans abschmecken und über die Nudeln geben; nochmals gut umrühren und servieren. Den restlichen Parmesan extra dazu reichen.

Spaghetti mit Kartoffeln

Spaghetti con le patate

400 g Spaghetti,
3 große oder 6 kleine Kartoffeln,
120 g Butter,
Olivenöl,
Parmesan,
Salz, Pfeffer,
Petersilie

Kartoffeln kochen, pellen und in Stücke schneiden, mit der Hälfte der Butter und einem Tropfen Öl braten, mit Pfeffer und Salz würzen. Die Spaghetti kochen und in dem Rest der Butter schwenken, die Kartoffeln hinzufügen und mit reichlich Petersilie und geriebenem Parmesan bestreuen.

Spaghetti mit Petersilie, Basilikum und Mozzarella

Spaghetti con prezzemolo, basilico e mozzarella

500 g Spaghetti,
3 Bund Petersilie,
2 Bund Basilikum,
100 g Butter,
500 g Tomaten,
200 g Mozzarella,
2 Knoblauchzehen,
1 Stück Pfefferschote,
Salz, Pfeffer

Petersilie, Basilikum, Knoblauch und Pfefferschote fein hacken und mit der Butter in einen Topf geben. Gleich darauf die enthäuteten und kleingehackten Tomaten hinzufügen, mit Salz und Pfeffer würzen. So lange schmoren, bis sich eine dickliche Sauce bildet (ca. 20 Minuten lang). Die gekochten Spaghetti dazugeben, alles bei etwas stärkerer Hitze gut umrühren und den gewürfelten Mozzarella beifügen. Vor dem Servieren etwas gehackte Petersilie darüberstreuen.

Das Rezept zum nebenstehenden Bild

Cannelloni

Teig:
250 g Mehl
1 Ei
1 Eiweiß
1 TL Olivenöl
¼ Tasse Wasser
1 Prise Salz

Tomatensauce:
50 g durchwachsener Speck
1 Zwiebel
1 Knoblauchzehe
1 EL Olivenöl
1 EL Mehl
1 Dose Tomatenmark (Inhalt 72 g)
¼ TL Salz
¼ TL weißer Pfeffer
¼ TL Basilikum
1 Msp Origano
⅜ l Würfelbrühe

Fülle:
1 kleine Zwiebel
1 Knoblauchzehe
1 EL Olivenöl
150 g TK-Spinat
1 EL Butter
250 g mageres Rinderhackfleisch
2 EL geriebener Parmesankäse
1 El Sahne
1 Ei
1 Msp Origano
3 EL geriebener Käse
1 EL Butter

Das Mehl in eine Schüssel sieben, in die Mitte eine Vertiefung drücken, Ei, Eiweiß, Öl, Wasser und Salz hineingeben und alles gut verkneten. Den Teig so lange kneten, bis er trocken ist. Wenn nötig, noch etwas Wasser dazugeben. Den Teig zugedeckt 20 Minuten ruhen lassen. Auf bemehlter Arbeitsfläche dünn ausrollen und zu ca. 16 Quadraten schneiden. In einem großen Topf Salzwasser zum Kochen bringen und die Teigblätter darin unter gelegentlichem Rühren ca. 5 Minuten kochen, bis sie gar, aber nicht weich sind. Herausheben, abtropfen lassen und auf ein sauberes Küchentuch breiten.
Für die Tomatensauce den Speck würfeln. Zwiebel und Knoblauchzehe schälen und fein hacken. Den Speck im erhitzten Öl auslassen, Zwiebel und Knoblauch dazugeben und glasig werden lassen. Das Mehl darüberstäuben und hell anschwitzen. Tomatenmark und Gewürze unterrühren und mit der Brühe aufgießen. Bei schwacher Hitze mit leicht geöffnetem Deckel ca. 30 Minuten köcheln lassen.
Für die Fülle Zwiebel und Knoblauchzehe schälen, fein hacken und im erhitzten Öl glasig werden lassen. Den aufgetauten Spinat hinzufügen und etwas einkochen lassen. In eine Schüssel geben. In der Pfanne die Butter erhitzen und das Hackfleisch darin anbraten. Zum Spinat geben und mit Käse, Sahne, Ei und Origano vermengen. Mit Salz und Pfeffer abschmecken. Die Fülle auf die Teigblätter verteilen und zusammenrollen. In ein oder zwei feuerfeste Formen eine dünne Schicht Tomatensauce geben, die Cannelloni nebeneinander hineinlegen und die restliche Tomatensauce darüber verteilen. Mit dem Käse bestreuen, Butterflöckchen daraufsetzen und im vorgeheizten Backofen bei 175 Grad ca. 20 Minuten backen. Dazu Tomatensalat servieren.

Das Rezept zum nebenstehenden Bild

Lasagne

100 g Karotten
100 g Sellerie
2 mittelgroße Zwiebeln
2 Knoblauchzehen
300 g gemischtes Hackfleisch
4 EL Öl
3 EL Tomatenmark
1 TL Curry
Salz
schwarzer Pfeffer
1 Prise Nelkenpulver
1 Msp abgeriebene Muskatnuß
1 Lorbeerblatt
Basilikum
¼ l Würfelbrühe
⅛ l Weißwein
500 g grüne Lasagne (Teigblätter)
40 g Mehl
40 g Margarine
¼ l Würfelbrühe
¼ l Milch
3 EL geriebener Parmesan
Margarine
200 g Mozzarellakäse
20 g Butter

Das Gemüse putzen, Zwiebeln schneiden und Knoblauchzehen schälen und alles fein hacken. Mit dem Hackfleisch in dem erhitzten Öl anbraten. Tomatenmark und Gewürze dazugeben und mit Brühe und Wein aufgießen. Bei schwacher Hitze 20–30 Minuten köcheln lassen. Abschmecken. Inzwischen die Teigblätter in reichlich sprudelndem Salzwasser 10–15 Minuten bißfest kochen. Abgießen, abschrecken und auf Küchenkrepp abtropfen lassen. Für die Käsesauce das Mehl in der erhitzten Margarine hell anschwitzen. Mit Brühe und Wein aufgießen. Den Käse hineinrühren und einige Minuten köcheln lassen. Mit Salz, Pfeffer und Muskat abschmekken. Eine feuerfeste Form einfetten. Auf den Boden eine Schicht Teigblätter geben, darauf Fleischsauce, Teigblätter, Fleischsauce, Mozzarellascheiben und Fleischsauce füllen. Mit Teigblättern abdecken. Die Käsesauce darübergießen und mit Butterflöckchen besetzen. Im vorgeheizten Backofen bei 180 Grad ca. 30 Minuten überbacken.

Nudeln mit Butter und Tomaten

Pasta al burro e pomodoro

500 g Nudeln,
1 kg Tomaten,
50 g Butter,
Parmesankäse,
Pfeffer, Salz,
Basilikum

Die Tomaten in Stücke schneiden und auf althergebrachte Weise in einer Pfanne, ohne Wasser, nur mit einigen Blättern Basilikum und einer Prise Salz dünsten. Eine ¾ Stunde lang bei schwacher Hitze langsam schmoren lassen, dann durch ein Sieb passieren. In der Pfanne die Butter auflösen, die Tomatenmasse hinzutun und mit Salz, Pfeffer und Basilikum abschmecken. Unter die inzwischen gekochten Nudeln rühren und den geriebenen Parmesankäse extra servieren.

Variante I: Petersilie anstatt Basilikum; oder beides.
Variante II: In die schmelzende Butter ein oder zwei Blätter Salbei geben; auf Basilikum und Petersilie dann verzichten.
Variante III: Geschälte Tomaten verwenden, gehackt oder passiert. In die zerlassene Butter geben, einige Minuten lang schmoren lassen.

Nudeln mit Weinbrand

Bucatini al brandy

500 g Nudeln,
500 g Tomaten,
4 cl Weinbrand,
2 EL Olivenöl,
2 EL Butter,
1 Zwiebel,
1 Stück Sellerie,
1 Mohrrübe,
Petersilie,
Salz, Pfeffer,
Zucker

Die gehackte Zwiebel in Öl glasig werden lassen, den Sellerie und die Mohrrübe in Stücke schneiden. Die Tomaten mit kochendem Wasser übergießen, schälen, von den Kernen befreien und in Stücke schneiden. Die Butter erhitzen, die Tomaten dazutun, Salz und etwas Zucker beifügen und den Weinbrand hinzugießen (das kann je nach Geschmack deutscher, italienischer, spanischer, Cognac oder Armagnac sein). So lange schmoren lassen, bis sich die Sauce bindet. Dann das inzwischen in Öl geschmorte Gemüse hinzutun und vermischen. Wenn die Sauce dicklich wird, über die Nudeln gießen und etwas schwarzen Pfeffer darübermahlen.

Nudeln mit Mozzarella

Bucatini con mozzarella

500 g Nudeln,
200 g Mozzarella,
80 g Butter,
Sahne,
Parmesan,
Pfeffer, Salz

Die Nudeln »al dente« kochen, mit Butter, geriebenem Parmesan und Pfeffer vermengen und in eine gebutterte Auflaufform geben; mit etwas Sahne übergießen. Dann die Nudeln mit dem in feine Scheiben geschnittenen Mozzarella bedecken; der Käse darf nicht den Boden der Form berühren. Etwas geriebenen Parmesan darüberstreuen, einige Butterflocken daraufgeben und im Ofen überbacken.

Spaghetti mit Mozzarella und rohen Tomaten

Spaghetti con mozzarella e pomodoro a crudo

500 g Spaghetti,
500 g Tomaten,
200 g Mozzarella,
8 EL Olivenöl,
Parmesankäse,
Basilikum,
Origano,
Salz, Pfeffer

Dies ist eines der besten neapolitanischen Saucenrezepte mit rohen Tomaten.
In eine Suppenschüssel das Öl und die rohen Tomaten geben. (Die Tomaten werden vorher mit kochendem Wasser überbrüht und geschält, dann mit den Händen in Stücke zerteilt und von den Kernen befreit. Wenn Tomaten nämlich mit dem Messer geschnitten werden, bleibt der Metallgeschmack haften, und sie verlieren an Aroma.) Einige Basilikumblätter zerdrücken und mit in die Schüssel geben (Basilikum darf nur vorsichtig mit einem Tuch gereinigt und nicht gewaschen werden, sonst verliert es ebenfalls an Aroma). Dann eine Prise Origano, etwas Salz und Pfeffer und – je nach Geschmack – einige Teelöffel Parmesan hinzufügen. Weder Knoblauch noch Zwiebel, Essig oder Zitrone beimengen, die Sauce würde sonst sauer werden. Nun einige Stunden ziehen lassen. Die heißen Nudeln in die Sauce geben, Mozzarella in feine Scheiben schneiden und darunterheben, dann servieren.

Variante: In die kalte Tomatensauce Kapern und in kleine Stückchen geschnittene schwarze Oliven geben.

Spaghetti mit Käse und Pfeffer

Spaghetti cacio e pepe

500 g Spaghetti,
120 g Schafskäse,
Pfeffer, Salz

Die Spaghetti wie üblich in reichlich Salzwasser »al dente« kochen, das Wasser aber nicht gründlich abgießen. Die Spaghetti sollen

noch gut feucht sein, damit der geriebene Schafskäse besser schmilzt, wenn er anschließend mit ihnen vermischt wird. Manche geben sogar mit dem Käse noch extra 2–3 Eßlöffel des Kochwassers dazu. Zum Schluß nur noch den Pfeffer möglichst grob darübermahlen und servieren.
Dies ist ein ganz einfaches, jedoch schmackhaftes Rezept, das von den Schäfern der Abruzzen überliefert wurde.

Nudeln mit Pesto

Trenette con pesto

500 g Trenette (Nudeln),
reichlich Basilikum (5–6 Blätter pro Person),
90 g Schafskäse,
Pinienkerne,
3–4 Knoblauchzehen,
Olivenöl,
Parmesankäse,
grobes Salz

Unter Pesto versteht man im Italienischen eine dickliche Sauce, die aus im Mörser zerstoßenem frischem Basilikum, Olivenöl und einigen anderen Zutaten hergestellt wird.
Zubereitung: Mit einem Tuch die Basilikumblätter reinigen (nicht waschen, sie verlieren sonst sehr an Aroma), die Stengel entfernen, dann die Blätter in kleine Stücke zerteilen und langsam, immer abwechselnd mit den gehackten Knoblauchzehen und dem groben Salz, in den Mörser geben und zerdrücken. Wenn so eine breiige Masse entstanden ist, nach und nach den geriebenen Schafskäse hinzufügen (oder Parmesan), bis eine Paste entsteht. Diese wird nun mit dem Olivenöl verdünnt, das nach und nach beigegeben wird. Zum Schluß die Pinienkerne hinzufügen. Dann ist die Sauce fertig und wird über die gekochten Nudeln gegossen.

Variante I: In manchen Gegenden fügt man den Basilikumblättern noch Petersilie bei.
Variante II: Anstatt Pinienkerne gehackte Walnußkerne hinzufügen.

Makkaroni mit 4 Käsesorten

Maccheroni ai 4 formaggi

500 g Makkaroni (oder andere Nudeln),
100 g Butter,
50 g Parmesankäse,
50 g Groviera (oder Emmentaler),
50 g Holländer,
50 g Fontina,
Pfeffer,
Petersilie

Makkaroni kochen, in Butter schwenken und in eine Kasserolle geben, in der ebenfalls etwas Butter zerlassen wurde. Auf dem Feuer jetzt die Käsesorten gerieben hinzufügen und umrühren, bis der Käse zu schmelzen beginnt. Falls die Masse zu trocken erscheint, etwas Nudelwasser dazugeben. Zum Schluß Pfeffer darübermahlen und die gehackte Petersilie darüberstreuen.

Variante: Im Süden Italiens verwendet man statt Fontina-Käse Provolone; der Geschmack wird dadurch kräftiger.

Spaghetti mit Gorgonzola und Frischkäse

Spaghetti con gorgonzola e ricotta

400 g Spaghetti,
100 g Gorgonzola,
2 dl Milch,
200 g Frischkäse,
60 g Butter,
Salz, Pfeffer,
Paprika

Gorgonzola und Frischkäse mit ½ Becher Milch verquirlen (Handmixer Stufe I), so daß eine geschmeidige, nicht zu feste Masse entsteht. In eine Terrine geben, nochmals mit etwas Milch glattrühren und mit Pfeffer und Salz und eventuell etwas Paprika abschmecken. Die inzwischen gekochten Spaghetti in etwas Butter schwenken und mit der Käsemasse vermengen. Zum Schluß noch 2–3 Löffel des Nudelkochwassers hinzugeben und gut durchrühren.

Aufgewärmte Makkaroni (Resteverwertung)

Maccheroni usati

500 g Makkaroni, gekocht und bereits mit Sauce – gleich welcher Art – vermengt,
80 g Schweineschmalz,
Parmesan

Damit die bereits gekochten Nudeln beim Aufbraten ihren Geschmack bewahren, nimmt man dazu Schweineschmalz. In einer Pfanne das Schmalz zerlassen und die gekochten Makkaroni hineingeben. Mit der Gabel etwas zertrennen und so lange braten, bis sie leicht angebräunt sind. Servieren und den geriebenen Parmesan extra dazu reichen. Eine einfache, aber leckere Mahlzeit, die in manchen Gegenden Süditaliens »gebrauchte Nudeln« genannt wird.

Tagliatelle mit Nuß- und Tomatensauce

Tagliatelle con salsa di noci e pomodoro

500 g Mehl,
5 Eier,
12 Walnußkerne,
80 g Butter,
300 g Tomaten,
Olivenöl,
120 g Parmesan,
Salz, Pfeffer

Den Teig für die Tagliatelle wie üblich herstellen, ausrollen und in 1 cm dicke Streifen schneiden.
Für die Sauce 2 Eßlöffel Öl in einer Pfanne erhitzen, die zerdrückten Nüsse hinzufügen, mit Salz und Pfeffer würzen. In einer anderen Pfanne die passierten Tomaten in Öl schmoren, in die Pfanne zu den Nüssen geben und auch die Butter hinzutun. Alles aufkochen lassen und dann bei kleinem Feuer weiterschmoren. Mit etwas heißem Wasser die Sauce verlängern, damit sie nicht zu dick wird. Inzwischen die Tagliatelle kochen, mit der Sauce und dem geriebenen Parmesan vermischen und servieren.

Bucatini mit Pilzen und Tomaten

Bucatini con funghi e pomodori

500 g Bucatini (Nudeln),
200 g Pilze,
300 g Tomaten,
120 g Butter,
Salz, Pfeffer,
Petersilie

Die Pilze in Scheiben schneiden, in zerlassener Butter schmoren, das durchgerührte Tomatenpüree dazugeben und mit Salz, Pfeffer und Petersilie würzen. 20 Minuten lang schmoren lassen. Die Nudeln kochen, in Butter schwenken und die Sauce darübergießen. Geriebenen Parmesan extra dazu reichen.

Variante I: ½ Zwiebel in der Butter mitschmoren, bis sie gelblich wird; dann die Pilze dazugeben.
Variante II: Statt der frischen Tomaten Tomatenmark aus der Dose verwenden, das mit etwas warmem Wasser glattgerührt wird.
Variante III: Über die Pilze in der Pfanne ½ l Weißwein gießen, warten bis er verdunstet ist, dann das Tomatenmark dazugeben.

Tagliatelle mit Trüffeln

Tagliatelle con tartufo

500 g Tagliatelle (Bandnudeln),
100 g Butter,
Weißwein,
Parmesan,
Salz,
Pfeffer,
weiße Trüffel

80 g Butter in einer Pfanne erhitzen, geriebenen Parmesankäse hinzufügen, mit ½ Glas Weißwein ablöschen und mit Salz und Pfeffer abschmecken. Die Nudeln kochen, in Butter schwenken, die Sauce darübergeben und obenauf die geschnittenen weißen Trüffel streuen.

Variante I: Statt Weißwein Marsala nehmen.
Variante II: In die Sauce eine Prise Muskatnuß geben.

Fusilli mit Tomaten

Fusilli al pomodoro

500 g Mehl,
3 Eier,
800 g Tomaten,
4 EL Olivenöl,
Schafskäse,
Salz, Pfeffer

Nudelteig nach dem Grundrezept herstellen, eine halbe Stunde lang ruhen lassen. Ausrollen und in 1 cm breite Streifen schneiden. Jeden Streifen dann um einen Löffelstiel oder etwas Ähnliches wikkeln, so daß Spiralen entstehen. Die Fusilli in reichlich Salzwasser kochen, abgießen. Inzwischen die Tomaten passieren, in Öl schmoren und mit den Nudeln vermengen. Geriebenen Schafskäse dazu reichen.

Auflauf aus Lasagne, Frischkäse, Auberginen und Nüssen

Lasagne con la ricotta, melanzane e noci

500 g Mehl,
5 Eier,
2 Auberginen,
200 g Frischkäse,
300 g Tomaten,
12 Walnußkerne,
6 EL Olivenöl,
Parmesan,
Salz, Pfeffer

Den Teig für die Lasagne nach dem Grundrezept herstellen und in 2 cm breite Streifen schneiden. Die Auberginen vorher in Scheiben schneiden, mit Salz bestreuen und einige Stunden lang ziehen lassen; abtrocknen und in der Pfanne braten. Herausnehmen, das überflüssige Fett mit einem saugfähigen Papier abtupfen, Auberginen hacken. Eine Sauce aus pürierten Tomaten, Salz und Pfeffer schmoren. Die Walnußkerne mit kochendem Wasser übergießen und häuten, in einem Mörser zerstoßen. Die Lasagne kochen, in eine gefettete Auflaufform füllen, mit einem Teil der Tomatensauce, den Auberginen, den Nüssen und dem zerbröckelten Frischkäse vermengen. Zum Schluß den Rest der Sauce darübergießen, mit etwas Parmesan bestreuen und eine halbe Stunde im Backofen überbacken.

Makkaroni mit Zucchiniauflauf und Parmesan

Maccheroni con la parmigiana di zucchine

400 g Makkaroni,
800 g Zucchini,
1 kg Tomaten,
200 g Mozzarella,
Parmesankäse,
Olivenöl,
Salz, Pfeffer,
Basilikum

Die Zucchini in Scheiben schneiden und eine Stunde lang an einem warmen Ort trocknen lassen. In Neapel trocknet man sie an der Sonne, aber das ist ja leider hier nicht immer möglich. Danach die Zucchinischeiben in einer Pfanne schmoren, bis sie zerfallen, und beiseite stellen. Die Hälfte der enthäuteten und mit den Händen zerkleinerten Tomaten in einer Pfanne ohne Öl schmoren, nur etwas Salz und Basilikum hinzufügen. Eine Auflaufform einfetten; abwechselnd je eine Schicht Zucchini und Tomatensauce und eine Schicht fein geschnittenen Mozzarella und geriebenen Parmesan hineinfüllen, und zwar so, daß zuletzt eine Schicht Zucchini mit Tomatensauce zuoberst liegt. Im Backofen ca. ½ Stunde lang überbacken. Inzwischen werden die restlichen Tomaten püriert und in einer Pfanne mit Öl geschmort. Mit Basilikum, Salz und Pfeffer abschmecken. Den Zucchiniauflauf dazugeben und alles zusammen noch einmal 10 Minuten lang schmoren. Falls erforderlich ein wenig warmes Wasser hinzufügen. Die gekochten Makkaroni in eine Schüssel geben, die Sauce darübergießen und servieren. Geriebenen Parmesan extra dazureichen oder vorher mit den Nudeln vermischen.

Gnocchiauflauf mit Käse
Gnocchi alla bava

1200 g Kartoffeln,
300 g Mehl,
200 g Fontina (halbfetter Kuhkäse),
100 g Butter,
Salz

Die gekochten und passierten Kartoffeln mit dem Mehl und einer Prise Salz verkneten. Den Teig mehrfach teilen und jedes Stück zu einer dünnen Rolle formen, von der dann jeweils 2 cm lange Stückchen abgeschnitten werden. Daraus kleine Klößchen bilden und diese mit dem Finger etwas eindrücken, so daß die typische Gnocchiform entsteht. Die Gnocchi in reichlich Salzwasser kochen, vorsichtig mit der Schaumkelle herausholen und in eine gefettete Auflaufform abwechselnd jeweils eine Schicht Gnocchi und eine Schicht Käsescheiben füllen. Auf der letzten Schicht Gnocchi einige Butterflöckchen verteilen und das Gericht überbacken, bis der Käse schmilzt.

Nudeln und Bohnen nach venezianischer Art
Pasta e fagioli alla veneta

300 g Nudeln,
400 g getrocknete weiße Bohnen,
1 Zwiebel,
1 Möhre,
1 Staudensellerie,
Parmesan,
Olivenöl,
Salz, Pfeffer

Die getrockneten Bohnen mindestens 12 Stunden lang einweichen. Zusammen mit Zwiebel, Möhre und kleingeschnittenem Sellerie in einen Topf geben, mit kaltem Wasser bedecken und zum Kochen bringen. Dann 2 Eßlöffel Öl hinzufügen, mit Salz und Pfeffer würzen. Wenn die Bohnen fast gar sind, die Nudeln dazugeben und darin »al dente« kochen. Den geriebenen Parmesan getrennt dazu reichen.

Makkaroniauflauf mit Béchamelsauce

Maccheroni al gratin con salsa bechamel

500 g Makkaroni,
100 g Butter,
100 g Parmesan,
$\frac{3}{4}$ l Milch,
3 EL Mehl,
Paniermehl,
Muskatnuß,
Salz, Pfeffer

In der Pfanne 60 g von der Butter zerlassen. Wenn sie aufgelöst ist, das Mehl hinzufügen, darunterrühren und gelblich werden lassen. Langsam die heiße Milch dazugeben und ständig rühren, damit sich keine Klumpen bilden. Aufkochen lassen, beiseitestellen. Die Makkaroni kochen, gut abtropfen lassen und einen Eßlöffel Butter hineingeben, damit sie geschmeidig bleiben. Béchamelsauce daraufgießen (einige Eßlöffel davon zurückbehalten). Umrühren, 3 Teelöffel geriebenen Parmesan daruntergeben. Eine feuerfeste Auflaufform mit Butter ausfetten und mit Paniermehl ausstreuen. Makkaroni hineinfüllen, den Rest der Béchamelsauce darüberstreichen. Einige Butterflocken daraufgeben, etwas Parmesankäse mit Semmelmehl mischen und darüberstreuen. Im vorgeheizten Backofen so lange backen, bis sich eine goldgelbe Kruste bildet (ca. 20 Minuten lang).

Spinatklößchen

Malfatti (Gnocchi)

300 g Mehl,
300 g Frischkäse,
1 kg Spinat,
150 g Butter,
120 g Parmesan,
2 Eier,
1 Eigelb,
1 Zwiebel,
Salz, Pfeffer,
Muskatnuß

Spinat kochen, so gut wie möglich auspressen und durch ein Sieb passieren. Mit Frischkäse, 250 g Mehl, 100 g Parmesan, den Eiern und dem Eigelb, Salz, Pfeffer und Muskatnuß vermengen und zu einem Teig verkneten, der fest, aber elastisch sein muß. Daraus die

Malfatti formen, d. h. kleine ovale Klößchen; in einigen Gegenden sind sie haselnußgroß, woanders etwas größer. In Mehl wälzen und in Wasser kochen. Die Butter in einer Pfanne zergehen lassen, eine grob geschnittene Zwiebel darin ziehen lassen, bis sie gelblich wird, dann herausnehmen. Die Malfatti in eine Auflaufform füllen, die zerlassene Butter und den Parmesan darübergeben und einige Minuten im Ofen überbacken.

Variante: Die Malfatti in Fleischbrühe kochen.

Rezepte mit Gemüse, Käse und Eiern

Nudelomelett (Resteverwertung)

Frittata di pasta

500 g Pasta (gekochte, kalte Nudeln),
150 g Butter,
180 g Parmesan,
3 Eier,
Salz, Pfeffer,
Petersilie

Übriggebliebene Nudeln (es ist gleich, wie sie zubereitet wurden) kann man zu einem wohlschmeckenden Omelett verarbeiten. Die kalte Pasta vorsichtig mit 2 Gabeln umrühren, Eier, geriebenen Parmesan, eine Prise Salz und Pfeffer und etwas Petersilie hinzutun, miteinander vermischen. In einer Pfanne ein Stück Butter erhitzen. Die Pasta hineingeben, so daß die Form eines Omeletts entsteht, und darauf achten, daß das Feuer sehr klein ist. Die Pfanne etwas schräg halten, so daß immer nur eine Seite der Pfanne erhitzt wird, und langsam rotieren lassen. Wenn die Butter eingezogen ist, ein weiteres Stück hinzufügen. Ist die untere Seite gebräunt, vorsichtig wenden, indem man das Omelett auf einen Teller gleiten läßt, noch etwas Butter in die Pfanne gibt und es langsam in die Pfanne zurückgleiten läßt; nun die andere Seite bräunen. Das Omelett kann auch lauwarm oder kalt serviert werden.

Makkaroni-Timbale

Timballo di maccheroni

300 g Makkaroni,
2 Auberginen,
300 g Tomaten,
250 g Mehl,
200 g Butter,
1 Ei,
1 Knoblauchzehe,
Olivenöl,
Salz, Pfeffer,
Basilikum

Zuerst den Teig für die Kruste herstellen: Das Mehl kegelförmig auf ein Hackbrett schütten, mit 125 g weicher Butter, dem Ei und etwas Salz vermengen. Nach und nach einige Eßlöffel warmes Wasser hinzugeben und den Teig nur so lange kneten, bis er elastisch, aber noch etwas krümelig ist. Dann in ein Tuch einschlagen und eine

Stunde lang an einem kühlen Platz aufbewahren. Danach den Teig auf einem bemehlten Brett 1 cm dick ausrollen, eine große und eine kleine Scheibe daraus formen. Mit der größeren Scheibe wird die Auflaufform bis über den Rand ausgelegt; die kleinere dient später als Deckel. Damit der Teig die Form der Schüssel annimmt, wird er mit Backfolie bedeckt und beispielsweise mit getrockneten Erbsen oder Bohnen beschwert. Die kleine Scheibe, die als Deckel dienen soll, auf ein gefettetes Blech legen und alles in den Backofen schieben. Den Teig so lange backen, bis er knusprig ist; aus dem Ofen nehmen und gut abkühlen lassen. Dann sehr vorsichtig aus der Form lösen und beiseite stellen; die getrockneten Erbsen oder Bohnen wegwerfen. Inzwischen die Sauce zubereiten: In einer Pfanne 4 Eßlöffel Öl mit einer zerdrückten Knoblauchzehe erhitzen, die herausgenommen wird, wenn sie gelb ist. Die in Scheiben geschnittenen und von den Kernen befreiten Tomaten in das Öl geben, mit Salz und Pfeffer abschmecken. Die Auberginen vorher schon zubereiten: In Scheiben schneiden, mit Salz bestreuen und einige Stunden stehenlassen. Dann in reichlich Öl braten, abtupfen. Zum Schluß werden die Makkaroni gekocht und mit der Butter, der Tomatensauce und dem Basilikum vermengt. Nun etwa die Hälfte davon in die Teigform geben, die Auberginen darauflegen und die restlichen Makkaroni darüberfüllen. Man kann auch 2 bis 3 Schichten Auberginen dazwischenlegen. Den Teigdeckel auf die Kruste setzen und einige Minuten lang im Backofen überbacken.

Variante: Statt der Auberginen frische Erbsen nehmen.

Kleine Nudeln mit Eiern

Pastina con l'uovo

300 g kleine Nudeln,
1½ l Milch,
4 Eier,
120 g Parmesan,
Salz, Pfeffer

Die Nudeln in offenem Topf in der Milch garen, so daß die Milch dabei etwas einkocht. Inzwischen die 4 Eier schlagen, Salz und Pfeffer hinzufügen und mit dem geriebenen Parmesan in eine Suppenschüssel geben. Die Nudeln mit der Milch darübergießen und gut umrühren, so daß die Eier sich mit ihnen vermischen und stocken.

Ravioli mit Frischkäse und Hartkäse

Ravioli con la ricotta e il formaggio

400 g Mehl,
6 Eier,
200 g Frischkäse,
100 g Hartkäse (Schafskäse, Emmentaler, Edamer),
120 g Butter,
Parmesan,
Salz, Pfeffer,
Salbei

Die Pasta herstellen aus dem Mehl, 3 Eiern, Salz, und – wenn nötig – etwas Wasser (nach dem Grundrezept), gut durchkneten und ausrollen. Damit die Ravioli später gut zusammenkleben, empfiehlt es sich, die eine Hälfte des ausgerollten Teiges mit einem mit Wasser verrührten Ei zu bestreichen. Für die Füllung den passierten Frischkäse, den feingehackten Hartkäse, 2 geschlagene Eier, Salz und Pfeffer verrühren. Mit Hilfe von zwei Teelöffeln kleine Häufchen dieser Füllung in Abständen auf die eine Hälfte des Teigs geben; die andere Hälfte darüberlegen und mit dem Teigrad Vierecke ausschneiden. Die Ravioli in reichlich Salzwasser kochen, in eine Suppenschüssel geben und mit zerlassener Butter, in der einige Salbeiblätter gezogen haben, übergießen. Mit geriebenem Parmesan bestreuen und vor dem Servieren noch 2–3 Minuten durchziehen lassen.

Nudeln mit Auberginen und Ei nach Feinschmeckerart

Pasta con melanzane e uovo, alla golosa

500 g Nudeln,
1 große oder 2 mittlere Auberginen,
2 Eigelb,
500 g Tomaten,
10 Walnußkerne,
100 g Olivenöl,
Salz, Pfeffer

Die Auberginen im Ganzen mit der Schale schmoren, bis sie außen rundherum braun sind. Dann das Innere herausschälen. 2 Eier halbhart kochen, das Eigelb herausnehmen und mit dem Auberginenfleisch vermengen. Je eine Prise Salz und Pfeffer sowie die in einem Mörser zerstoßenen Walnußkerne hinzufügen. Nun in einer Pfanne das Öl erhitzen, die passierten oder geschälten und kleingeschnittenen Tomaten dazugeben, mit Salz und Pfeffer abschmekken. Die Auberginenmasse beimengen und alles einige Minuten durchschmoren lassen. Die Nudeln in reichlich Salzwasser kochen und mit der Sauce vermischen.

Makkaroni mit Spiegeleiern

Maccheroni con le uova

500 g kurze Makkaroni,
6 Eier,
150 g Butter,
120 g Parmesan,
Salz, Pfeffer

Die Makkaroni in reichlich Salzwasser »al dente« kochen und in einem Teil der Butter schwenken, Pfeffer und geriebenen Parmesan dazugeben. Die Eier in dem Rest der Butter braten. Die Makkaroni auf Teller füllen, jeweils ein Spiegelei und etwas braune Butter daraufgeben und servieren.

Grüne Ravioli

Ravioli verdi

400 g Mehl,
6 Eier,
800 g Spinat,
130 g Butter,
3 Eigelb,
150 g Parmesan,
1 dl Sahne,
Salz, Pfeffer

Den Teig nach dem Grundrezept herstellen. Für die Füllung den Spinat kochen, sehr gut ausdrücken, feinhacken und mit einem Eßlöffel Butter verrühren. Den Frischkäse durch ein Sieb passieren, mit der Spinatmasse, der Hälfte des geriebenen Parmesans, den geschlagenen Eidottern, Salz und Pfeffer gut vermischen. Eine Hälfte des ausgerollten Teiges mit einem mit Wasser verrührten Ei bestreichen, die Füllung in kleinen Häufchen daraufgeben, die andere Teighälfte darüberlegen. Mit dem Teigrad viereckige Ravioli schneiden und in reichlich Salzwasser kochen. Inzwischen die Butter zerlassen und die Sahne erhitzen. Die gekochten Ravioli schichtweise in eine Suppenschüssel geben, jede Schicht mit zerlassener Butter und Sahne übergießen, mit dem geriebenen Parmesan bestreuen und servieren.

Delikate gebratene Ravioli

Ravioli fritti delicati

400 g Mehl,
5 Eier,
300 g Frischkäse,
Salz,
Petersilie,
Olivenöl

Den Teig aus dem Mehl und 3 Eiern herstellen, gut durchkneten und ausrollen. Quadrate von 10 cm Größe ausstechen. In die Mitte die Füllung geben, die aus dem passierten Frischkäse, 2 Eiern, Salz und Petersilie hergestellt wird. Die Quadrate zusammenfalten, die Ränder fest aufeinanderdrücken und mit etwas Eiweiß bestreichen. In einer Pfanne reichlich Öl erhitzen und die großen Ravioli darin braten, bis sie eine goldgelbe Farbe erhalten.

Gefüllte Cannelloni

Cannelloni ripieni

400 g Mehl,
4 Eier,
3 Eigelb,
200 g Butter,
160 g Parmesan,
60 g Emmentaler,
1 l und 3 dl Milch,
6 EL Mehl,
Olivenöl,
Muskatnuß,
Salz, Pfeffer

Den Teig für die Cannelloni wie üblich zubereiten, in diesem Falle mit 4 Eiern (Wasser nach Bedarf). Den ausgerollten Teig in 10 cm große Quadrate schneiden, diese einen Augenblick lang in reichlich kochendes Salzwasser geben, in das ein Eßlöffel Olivenöl getan wurde; das erleichtert die nachfolgende Zubereitung. Abgießen und die Quadrate auf ein Tuch legen. Die Füllung wie folgt zubereiten: Zuerst eine dickliche Béchamelsauce kochen aus 120 g Butter, 6 Eßlöffeln Mehl und der Milch, die nach und nach dazugegossen wird; mit Muskatnuß, Salz und Pfeffer würzen. $^2/_5$ dieser Sauce beiseitestellen. Den Rest, also ca. $^3/_5$, in dem Topf lassen und dazu 60 g geriebenen Parmesan, 60 g geriebenen Emmentaler und einen Eßlöffel Butter geben. Bei kleinem Feuer umrühren. Dann den Topf vom Herd nehmen und die 3 verquirlten Eigelb darunterrühren. Die Füllung etwas ruhen lassen, bevor sie auf die Teigquadrate verteilt wird. Diese zusammenrollen, die Nahtstellen mit Eiweiß bestreichen und zusammendrücken, um die Cannelloni zu schließen. Dann in eine gefettete feuerfeste Form legen, dicht nebeneinander, aber nicht übereinander. Den Rest der Béchamelsauce darübergießen, etwas geriebenen Parmesan darüberstreuen und Butterflöckchen daraufgeben. Im Backofen bei mittlerer Hitze überbacken, bis die Oberfläche goldbraun ist.

Nudeln mit Spargelcreme und Eiern

Pasta con la crema di asparagi e uova

400 g kurze Nudeln,
300 g gekochte Spargelspitzen,
4 Eigelb,
120 g Butter,
120 g Parmesan,
½ Zwiebel,
Salz, Pfeffer

Die Spargelspitzen in etwas Butter schmoren, die feingehackte Zwiebel dazugeben. Vom Feuer nehmen, das verquirlte Eigelb vorsichtig darunterrühren und mit Parmesan, Pfeffer und Salz abschmecken. Die Nudeln in reichlich Salzwasser »al dente« kochen, in tiefe Teller füllen und die Spargelcreme darübergeben.

Makkaronikroketten

Crochette di maccheroni

500 g Makkaroni,
2 l Milch,
1 Tasse Mehl,
50 g Butter,
5 Eigelb,
60 g Parmesan,
60 g Groviera oder anderer Hartkäse,
Semmelbrösel,
Olivenöl

Die Makkaroni halbgar kochen, abgießen und dann in 1½ l Milch gar kochen. Mit der Schaumkelle herausholen, abkühlen lassen und durch den Wolf drehen. Den restlichen halben Liter Milch kalt mit dem Mehl verrühren und mit 50 g Butter in einem Topf unter ständigem Rühren zum Kochen bringen, so daß eine dicke Sauce entsteht. Den Topf vom Feuer nehmen und mit der Makkaronimasse vermengen, dann die 3 Eigelb, den geriebenen Parmesan und den Hartkäse dazugeben, mit Pfeffer abschmecken und alles gut vermischen. Auf einem Nudelbrett ausstreichen, zerteilen und Kroketten daraus formen. Die restlichen Eigelb schlagen, die Kroketten erst darin, dann in Semmelbröseln wälzen und in heißem Öl ausbacken.

Bucatini mit verlorenen Eiern

Bucatini con le uova in camicia

500 g Bucatini oder Makkaroni,
150 g Butter,
120 g Parmesan,
120 g Mozzarella,
¼ l Milch,
6 Eier,
Salz, Pfeffer

Bucatini oder Makkaroni in kleine Stücke brechen und in reichlich Salzwasser sehr »al dente«, also nicht ganz weich kochen. Abgießen, mit 100 g Butter und 100 g geriebenem Parmesan vermengen und in eine gefettete Auflaufform füllen. Den Mozzarella in feine Scheiben schneiden und darüber verteilen, die Milch darübergießen und mit dem restlichen Parmesan und Pfeffer bestreuen. 15–20 Minuten im Ofen überbacken. Inzwischen die verlorenen Eier zubereiten: Die Eier aufschlagen, in kochendes Salzwasser gleiten lassen und kochen, bis sie gestockt sind. Den Auflauf aus dem Ofen nehmen, die Eier im Kreis darauf verteilen, mit etwas zerlassener Butter übergießen und servieren.

Spaghetti »Leichte Kavallerie«

Spaghetti alla cavalleggera

500 g Spaghetti,
4 Eigelb,
100 g Butter,
12 Walnußkerne,
100 g Parmesan,
Sahne,
Salz

In einer Schüssel die Butter mit dem Eigelb verrühren, dann den Parmesan und die zerstoßenen Nußkerne beifügen. Die Spaghetti in reichlich Salzwasser »al dente« kochen, abgießen und dazugeben, alles gut mit 2 dl Sahne vermengen und servieren.
Es ist nicht genau bekannt, woher dieses Gericht seinen Namen hat; vielleicht heißt es so, weil es sich schnell zubereiten läßt.

Teigtaschen mit Kürbisfüllung nach Bauernart

Tortelli di zucca alla rustica

300 g Mehl,
2 Eier,
200 g gelber Kürbis,
120 g Butter,
250 g Parmesan,
Muskatnuß,
Salz

Es kommt auf den richtigen Kürbis an: er muß festes Fleisch haben und darf nicht zu wäßrig sein. Den Kürbis in Streifen schneiden und diese im Backofen backen. Dann die Fruchtmasse mit Parmesan, einer Prise Salz und einer Prise Muskatnuß würzen und gut durcharbeiten. Den Teig nach dem Grundrezept zubereiten und ausrollen, runde Scheiben von 7–8 cm Durchmesser ausstechen und in die Mitte ein Häufchen der Füllung legen. Die Scheiben zur Hälfte zusammenklappen, die Ränder gut andrücken und mit Eiweiß bestreichen. In reichlich Salzwasser kochen, mit einer Schaumkelle herausholen und mit zerlassener Butter und geriebenem Parmesan servieren.

Lagane mit Milch

Lagane con il latte

400 g Mehl,
4 Eier,
1½ l Milch,
Salz

Lagane ist der alte Name für Fettucine und Lasagne und kommt aus dem Griechischen. Den Teig nach dem Grundrezept herstellen und nicht zu dünn ausrollen. Eine Rolle daraus formen und ca. 1 cm dicke Scheiben davon abschneiden. Die leicht gesalzene Milch erhitzen. Wenn die Milch anfängt zu kochen, die Nudeln hineintun, so daß sich die Lagane mit der Milch vollsaugen. Heiß servieren.

Variante I: Zum Schluß Pfeffer und Parmesan dazugeben.
Variante II: Zum Schluß etwas Zucker darüberstreuen.

Rezepte mit Fisch

Vermicelli mit gerösteten Brotkrumen

Vermicelli con la mollica

500 g kleine Nudeln (Fadennudeln),
120 g Olivenöl,
100 g trockenes Weißbrot,
6 Sardellenfilets,
Pfeffer, Salz

Die Sardellen müssen gut gewässert und gesäubert sein. Dann teilt man sie in Stücke und brät sie langsam in der Hälfte des Öls, bis sie zerfallen. Die andere Hälfte des Öls erhitzen und das zerkrümelte (nicht geriebene) Weißbrot hineinstreuen. Darauf achten, daß die Krümel gut geröstet werden, aber nicht verbrennen. Inzwischen die Nudeln kochen und abgießen. Brotkrümel und das Öl mit den Sardellen darübergießen, alles gut vermischen. Pfeffer nach Geschmack darübermahlen. Dies ist ein sehr altes Rezept aus dem Mittelmeer-Raum, das sich noch heute großer Beliebtheit erfreut.

Nudeln alla Puttanesca

Vermicelli alla puttanesca

500 g Vermicelli (Fadennudeln),
400 g Tomaten,
6 Sardellenfilets,
150 g Olivenöl,
80 g schwarze Oliven,
30 g Kapern,
2 Knoblauchzehen,
1 kleine Pfefferschote,
Petersilie,
Origano

Das Öl wird in einer Pfanne mit den zerdrückten Knoblauchzehen erhitzt, die man herausnimmt, wenn sie goldgelb sind. Dann die geschälten und zerteilten Tomaten in das heiße Öl geben, einige Minuten ziehen lassen, dabei mit einer Gabel zerdrücken. Kapern und entkernte Oliven hinzugeben und schmoren lassen, bis die Sauce dicklich wird. Die Sardellenfilets wässern, zerteilen und so lange mitkochen, bis sie zerfallen. Abschmecken, gehackte Petersilie darüberstreuen. Die inzwischen gekochten Nudeln mit der Sauce vermischen und servieren.

Variante: Man kann auch die Sardellenfilets vor den Tomaten in das Öl geben. Dann wird der intensive Geschmack des Fisches etwas gemildert.

Spaghetti mit Salerner Sauce

Spaghetti con salsa salernitana

500 g Spaghetti,
6 junge zarte Weinblätter (ev. aus der Dose),
geriebene Schale von 2 Zitronen,
4 Sardellenfilets,
30 g Pinienkerne,
30 g Kapern,
Weißbrotkrumen,
Olivenöl,
Essig,
Pfeffer, Salz,
Muskatnuß,
Zucker

Die besondere Zutat bei diesem Rezept sind die Weinblätter, die man nur zu einer bestimmten Jahreszeit frisch bekommt, denn sie müssen noch zart und grün sein. Wir können sie aber durch eingelegte Weinblätter aus der Dose ersetzen. Die Blätter von den Blattrippen befreien und zusammen mit der geriebenen Schale zweier Zitronen in eine Schüssel geben. Brotkrumen, in Essig eingeweicht, und die gewässerten, zerkleinerten Sardellenfilets hinzugeben, ebenso die Pinienkerne, die Kapern, 1 Eßlöffel Zucker und etwas Pfeffer. Das Ganze einige Stunden ziehen lassen und dann fein zerstoßen. Einige Tropfen Öl hinzufügen, damit die Masse geschmeidig wird. Spaghetti wie üblich kochen, mit der Sauce mischen und servieren.

Diese Sauce ist einst von dem Koch Vincenzo Agnoletti für Maria Luise, Herzogin von Parma, komponiert worden.

Makkaroni mit Thunfischsauce und Erbsen

Maccheroncini con salsa di tonno e piselli

500 g kurze Makkaroni,
200 g Thunfisch in Öl,
200 g Erbsen,
100 g Olivenöl,
2 Knoblauchzehen,
30 g Butter,
Salz, Pfeffer,
Petersilie

Erbsen in der Butter dämpfen, bis sie weich sind. Salzen und pfeffern. In einer Pfanne das Öl erhitzen, Knoblauchzehen mitziehen lassen, bis sie goldgelb sind. Den Thunfisch abtropfen lassen, zerkleinern und in das Öl geben. Umrühren, Erbsen und gehackte Petersilie hinzufügen. Mit den gekochten und abgegossenen Makkaroni vermischen.

Variante: Geschälte Tomaten oder Tomatenmark zusammen mit dem Thunfisch erhitzen.

Nudeln mit Räucherlachs

Farfalle al salmone

500 g Nudeln,
120 g Räucherlachs,
3 dl Sahne,
200 g Tomaten,
4 EL Öl,
Muskatnuß,
Salz

Öl erhitzen, den in feine Streifen geschnittenen Lachs dazugeben, danach die Sahne, das Fleisch der Tomaten, etwas Muskatnuß und ein wenig Salz hinzufügen. Die Nudeln in viel Salzwasser »al dente« kochen, abgießen, mit der Sauce vermischen und nochmals kurz erhitzen; dann servieren.

Spaghetti nach Art des Admirals

Spaghetti all'ammiraglia

500 g Spaghetti,
120 g Olivenöl,
3 Knoblauchzehen,
100 g Ölsardinen,
1 Pfefferschote,
Pfeffer, Salz

Öl in einer Pfanne erhitzen, den gehackten Knoblauch darin goldgelb werden lassen. Die Pfefferschote hinzufügen, einen Augenblick mitziehen lassen, dann herausnehmen. Die zerkleinerten Ölsardinen hineingeben, mit dem Öl verrühren und diese Sauce mit einigen Eßlöffeln warmen Wassers verlängern. Mit Pfeffer würzen. Spaghetti in viel Salzwasser kochen und mit der Sauce mischen.

Nudeln mit Räucherlachs nach Ugo Tognazzi

Linguine al salmone di Ugo Tognazzi

500 g Nudeln,
50 g Butter,
120 g roher Schinken,
120 g Räucherlachs,
500 g geschälte Tomaten,
½ Glas Sahne,
½ Zwiebel,
½ Glas Weißwein,
Salz, Pfeffer

Dieses Rezept stammt von dem Schauspieler Ugo Tognazzi, der ein Liebhaber der guten Küche ist. Die Butter in einer großen Pfanne erhitzen, die Zwiebel hinzufügen und bei kleinem Feuer rösten. Dann den in Streifen geschnittenen Schinken dazugeben und einige Minuten schmoren lassen; umrühren und mit dem Wein ablöschen. Die geschälten Tomaten hineingeben und mit einer Gabel etwas zerteilen, so daß man eine sämige Sauce erhält. Noch 10 Minuten lang schmoren lassen und dann den in Stücke geschnittenen Räucherlachs dazugeben und umrühren. Mit Pfeffer und eventuell noch etwas Salz abschmecken. Zuletzt die Sahne darübergießen, alles gut vermischen und die gekochten Nudeln hineingeben. Nochmals umwenden und servieren.

Variante: Anstelle des Weines ein Glas Weinbrand nehmen.

Spaghetti mit Kaviar

Spaghetti al caviale

500 g Spaghetti,
60 g Kaviar (es kann auch deutscher oder Lachs-Kaviar sein),
60 g Butter,
1 dl Sahne,
Salz, Pfeffer

Butter in einem größeren Topf zerlassen, Sahne, etwas Salz und frischgemahlenen Pfeffer hinzufügen. Cremig einkochen lassen. Kaviar dazugeben, leicht erhitzen, aber nicht kochen lassen. Dann die gekochten und abgegossenen Spaghetti hinzutun. Für dieses Gericht eignen sich die preiswerten Kaviar-Sorten besser als die teuren, weil sie einen intensiveren Geschmack haben.
Das Rezept ist von Benito Romano, einem talentierten Mailänder Gastwirt.

Variante: Ein anderer Gastwirt, Guido Buriassi, gibt an die Sauce noch einen Eßlöffel Bratensaft und einige Eßlöffel geriebenen Parmesan.

Spaghetti mit Seebarsch

Spaghetti al branzino

500 g Spaghetti,
1 Seebarsch von 700–800 g (oder ein anderer Mittelmeerfisch),
6 Tomaten,
⅛ l Weißwein,
60 g Olivenöl,
1 Zwiebel,
1 Möhre,
1 Sellerieherz,
Basilikum,
Origano,
Salz, Pfeffer

Den Fisch (die Sorte ist nicht so wichtig, er muß nur frisch sein) putzen und in kleine Stücke teilen. Zwiebel, Möhre und Sellerie feinhacken und in dem Öl anbraten. Tomaten schälen, zerkleinern und ebenfalls dazugeben. Salzen, pfeffern, mit wenig Origano und etwas Basilikum würzen, langsam einkochen lassen. Wenn die Sauce dicklich wird, die Fischstücke hinzugeben und bei milder Hitze schmoren, bis sie gar sind (ca. 15 Minuten lang). Wein dazugießen, einkochen lassen. Spaghetti in Salzwasser kochen, abgießen und mit der Sauce vermischen.

Spaghetti mit Tintenfisch

Spaghetti con le seppie

500 g Spaghetti,
600 g Tintenfisch,
80 g Olivenöl,
1 Zwiebel,
Salz, Pfeffer,
Petersilie

Tintenfische kauft man am besten gefroren und läßt sie vor der Verwendung auftauen; gut waschen, das Rückgrat herausziehen, die Augen herausschneiden und den Beutel mit den Innereien und der Tinte vorsichtig herauslösen und wegwerfen. Das Tintenfischfleisch kleinschneiden. In einem Schmortopf das Öl erhitzen, die gehackte Zwiebel darin glasig werden lassen. Dann zuerst die Fangarme mitbraten lassen, später die in Streifen geschnittenen Körper dazugeben. Salzen und pfeffern. Weiterschmoren, wenn nötig etwas lauwarmes Wasser hinzutun. Wenn die Tintenfische weich sind, reichlich gehackte Petersilie hinzufügen. Spaghetti in viel kochendem Wasser kochen und mit den Tintenfischen mischen.

Variante I: In die Sauce außer dem Tintenfisch auch etwas feingehackte Möhre, Sellerie und Rosmarin geben.
Variante II: Das Öl mit 2 Knoblauchzehen aromatisieren, die herausgenommen werden, sobald sie gelb sind.
Variante III: Die Sauce mit Tomatenmark binden.
Variante IV: Zur fertigen Sauce ⅛ l Weiß- oder Rotwein gießen, einkochen lassen.

Das Rezept zum nebenstehenden Bild

Fettuccine alla Carbonara

500 g Bandnudeln
Salzwasser
200 g durchwachsener magerer Speck
¼ l süße Sahne
2 geh. EL gehackte Kräuter (Petersilie, Borretsch, Salbei, Majoran)
4 EL geriebener Parmesankäse
4 Eidotter in der Schale

Die Nudeln unter gelegentlichem Rühren in reichlich sprudelndem Salzwasser 5-8 Minuten kochen. In der Zwischenzeit den Speck in kurze Streifen schneiden und auslassen. Die Nudeln abgießen und kurz mit heißem Wasser überspülen. Mit dem Speck mischen und in sehr gut vorgewärmte Teller geben. Die etwas erwärmte Sahne darübergießen. Kräuter und Käse darüberstreuen und die Eidotter in der Schale hineinsetzen. Die Eidotter bei Tisch über die Nudeln geben und untermischen. Sofort servieren. Dazu Salat reichen.

Das Rezept zum nebenstehenden Bild

Makkaroni-Auflauf

400 g Makkaroni
Salz
375 g gemischtes Hackfleisch
Salz
Pfeffer
Majoran
Senf
1 EL Öl
50 g durchwachsener Speck
1 große Zwiebel
150 g Butterkäse
1 Dose Tomatensuppe

Die Makkaroni in Salzwasser garkochen und abtropfen lassen. Das Hackfleisch mit Salz, Pfeffer, Majoran und Senf kräftig würzen. In einer Pfanne in dem erhitzten Öl den Speck und die feingehackte Zwiebel leicht rösten. Das Hackfleisch dazugeben, anbräunen und zu Bröseln rühren. Das Fleisch in eine feuerfeste Form füllen. Darauf die Makkaroni schichten und den in Streifen geschnittenen Käse darüber verteilen. Zum Schluß die Tomatensuppe darübergießen. Den Auflauf im Backrohr bei mittlerer Hitze etwa 50 Minuten überbacken. In der Form heiß servieren. Als Beilage eignet sich frischer grüner Salat.

Nudeln »Milano«

400 g Hörnchen-Nudeln
Salz
65 g Butter
200 g gekochter Schinken
¼ l Sahne
Salz
Pfeffer
Muskat
2 Eigelb

Die Hörnchen in Salzwasser garkochen und abtropfen lassen. In einer Kasserolle die Butter zerlassen, den in Streifen geschnittenen Schinken und die Sahne dazugeben und aufkochen lassen. Mit Salz, Pfeffer und Muskat würzen. Die Kasserolle vom Feuer nehmen und das Eigelb darunterrühren. Das Ganze über die Nudeln gießen und miteinander vermischen.

Nudeln mit Sardinen

Pasta con le sarde, alla palermitana

400 g Bucatini oder andere kurze Nudeln,
400 g frische Sardinen,
400 g Fenchel,
100 g Olivenöl,
4 gesalzene Sardellenfilets,
30 g Rosinen,
30 g Pinienkerne,
Safran,
1 Zwiebel,
Mehl,
Salz, Pfeffer

Eigentlich braucht man wilden Fenchel, den es aber bei uns nicht gibt – man behilft sich mit jungen Fenchelknollen. Es ist unbedingt notwendig, daß Nudeln, Sardinen und Fenchel zu gleichen Teilen in dem Gericht vorhanden sind. Die Sardinen kann man frisch oder tiefgefroren kaufen; sie sollten nicht zu groß sein. Die Pinienkerne röstet man in etwas Butter an und läßt sie wieder abkühlen. Die Zwiebel kleinhacken und in einer großen Pfanne in 4 Eßlöffeln Öl glasig werden lassen. Sardellen wässern, zerteilen und in dem Öl zerfallen lassen. Dann Rosinen, Pinienkerne und etwas Pfeffer hinzufügen. Inzwischen den geputzten und kleingeschnittenen Fenchel in wenig Wasser 10 Minuten lang kochen. Fenchel beiseitestellen, Kochwasser aufbewahren. Die Sardinen ausnehmen, Köpfe und Rückgrat auslösen, die Filets leicht in Mehl wenden und in dem Öl ausbraten, das vorher mit etwas Safran gewürzt wurde. Der Geschmack des Safrans ist für das Rezept sehr wichtig. Die fertigen Filets aus dem Öl nehmen und leicht salzen. Schließlich die Nudeln in dem Fenchel-Kochwasser so kochen, daß sie noch »Biß« haben. Abgießen. Dann in einer großen Schüssel alles vermischen: Erst Nudeln und Sauce gut vermengen, dann den Fenchel hinzugeben und darunter mischen, schließlich die Sardinenfilets vorsichtig darunterheben. Das Ganze vor dem Servieren einige Minuten lang ziehen lassen, damit das Aroma der verschiedenen Zutaten zur Geltung kommt. Es wird als barbarisch betrachtet, dieses Gericht durch Beigabe von Knoblauch oder Petersilie zu verderben.

Nudeln mit Herzmuscheln und Tomaten

Vermicelli con le vongole, al pomodoro

500 g Fadennudeln (oder kurze Spaghetti),
1 kg Herzmuscheln (tiefgefroren),
100 g Olivenöl,
800 g Tomaten,
2 Knoblauchzehen,
Salz, Pfeffer,
Petersilie

Am besten nimmt man kleine Herzmuscheln, die man gefroren kaufen kann und vor Gebrauch auftaut. Muscheln waschen und ohne Zugabe von Flüssigkeit erhitzen; aus den Schalen lösen, beiseitestellen. Die Kochflüssigkeit, die sich gebildet hat, durch ein Sieb gießen. In einem anderen Topf das Öl erhitzen, den feingehackten Knoblauch darin glasig werden lassen. Tomaten schälen und feinhacken, dazugeben, ebenso den Muschelsud. Bei milder Hitze einkochen lassen, dann das Muschelfleisch hineingeben und erhitzen. Reichlich gehackte Petersilie und etwas frischgemahlenen Pfeffer hinzufügen. Nudeln knapp garkochen und mit der Sauce mischen.

Kleine Makkaroni mit Spinatsauce und Sardellen

Maccheroncini in salsa di spinaci all'acciuga

500 g kurze Makkaroni,
500 g Blattspinat,
4 Zwiebeln,
50 g Olivenöl,
8 Sardellenfilets,
Salz, Pfeffer

Den Spinat gut waschen, trocknen und feinhacken. Zwiebeln schälen und hacken, Sardellen gut waschen, dann in kleine Stücke schneiden. In einem Schmortopf das Öl erhitzen und die Sardellenstückchen darin unter Rühren auflösen. Spinat und Zwiebeln hinzufügen. Langsam weiterschmoren lassen, bis sich alles bindet. Hin und wieder etwas Wasser dazugeben, damit die Masse nicht zu trocken wird. Die Makkaroni in viel Salzwasser »al dente« kochen. Abgießen, mit der Sauce mischen und mit viel frisch gemahlenem schwarzem Pfeffer würzen.

Nudelauflauf alla Messisbugo

Pasticcio di lasagne alla Messisbugo

400 g Mehl,
4 Eier,
6 Seezungen,
1 kg Krabben,
200 g Butter,
150 g Parmesan,
½ l trockener Weißwein,
25 g Mehl,
2 Lorbeerblätter,
1 kleine Zwiebel,
Weinbrand,
Pfeffer, Salz,
Pfefferkörner

1 l Wasser und ½ l Wein mit der geschälten oder ganzen Zwiebel, den Lorbeerblättern und einigen Pfefferkörnern 10 Minuten lang kochen lassen, leicht salzen. Vom Feuer nehmen und abkühlen, aber nicht ganz kalt werden lassen. Lorbeer, Zwiebel und Pfefferkörner herausnehmen und die Flüssigkeit wieder zum Kochen bringen. Die Krabben, falls sie roh sind, 5 Minuten darin kochen, sonst nur erhitzen. Dann wieder herausnehmen und schälen; Kochflüssigkeit aufbewahren. Die Schalen pürieren und ebenfalls beiseitestellen. Seezungen filieren (oder vorher vom Händler filieren lassen). 50 g Butter zerlassen, die Seezungenfilets darin anbraten, mit etwas Weißwein beträufeln, pfeffern, salzen und fertigbraten. In einem anderen Topf weitere 50 g Butter zerlassen, darin das Krabbenfleisch braten. Den Weinbrand dazugeben; einkochen lassen und beiseitestellen. In einem dritten Topf 70 g Butter zerlassen, Mehl hinzufügen, dann die zerstoßenen Krabbenschalen und die Kochflüssigkeit der Krabben hineingeben. Aufkochen lassen; es entsteht eine dünne Flüssigkeit. Abkühlen lassen, dabei ab und zu umrühren, den geriebenen Käse beifügen, salzen und gut verrühren.

Lasagne nach dem Grundrezept für Nudeln herstellen und leicht antrocknen lassen. In kochendem Salzwasser ganz kurz ziehen lassen, dann herausnehmen. Zum Abtropfen auf ein Tuch legen. Eine flache Auflaufform mit Butter ausstreichen, eine Schicht Lasagne darin ausbreiten, etwas Sauce darübergießen, darauf wieder eine Schicht Lasagne häufen. Die Hälfte der Seezungenfilets darauf legen, mit einem Teil ihres eigenen Bratfonds übergießen, einige Krabben dazwischenstreuen. Nun wieder etwas Sauce und an-

schließend eine dritte Schicht Lasagne daraufschichten. Darüber kommt die zweite Hälfte der Filets, die restlichen Krabben, etwas Bratfond und etwas Sauce. Schließlich folgt die letzte Schicht Lasagne, auf die man den Rest der Sauce gießt. Einige Butterflöckchen darauf verteilen und alles gut 10 Minuten lang im Backofen gratinieren lassen.
Dieses Gericht ist sehr geeignet für ein festliches Essen. Übrigens stammt es noch aus der Renaissance, aus dem Rezeptbuch des Cristoforo da Messisbugo vom Hofe zu Ferrara.

Nudeln nach Capri-Art

Linguine alla caprese

500 g Nudeln,
500 g Miesmuscheln,
400 g Herzmuscheln,
200 g Tintenfische,
200 g Krabben,
500 g Tomaten,
120 g Olivenöl,
⅛ l Weißwein,
2 Knoblauchzehen,
Salz, Pfeffer,
Petersilie

Miesmuscheln und Herzmuscheln waschen und putzen und mit etwas Öl in einem Topf erhitzen. Wenn sie sich geöffnet haben, beiseite stellen; die Flüssigkeit, die sich gebildet hat, aufbewahren. Die Krabben schälen, Köpfe und Panzer zu dem Muschelwasser geben. Den Sud leise ziehen lassen; wenn er etwas eingekocht ist, durch ein Sieb gießen. Die Tintenfische waschen, putzen (Rückgrat herausziehen, Augen herausschneiden, Beutel mit Innereien und Tintensack entfernen) und in Streifen schneiden. Zusammen mit dem gehackten Knoblauch in 100 g Öl braten. Nach und nach den Wein dazugießen. Wenn der Wein eingekocht ist, die geschälten und zerkleinerten Tomaten dazugeben. Pfeffern, leicht salzen und die eingekochte Fischbrühe hinzufügen. Bei milder Hitze langsam zu einer dicklichen Sauce einkochen lassen. Dann die Krabben und die Muscheln dazutun, mischen. Nudeln in Salzwasser knapp gar kochen, mit der Meeresfrüchte-Sauce mischen. Pfeffer und gehackte Petersilie darüberstreuen.

Thunfischsalat mit Nudeln

Conchiglie in insalata col tonno

300 g Nudeln (Muscheln oder Gabelspaghetti),
150 g Thunfisch in Öl,
100 g Schalotten,
Saft einer Zitrone,
Olivenöl,
Pfeffer, Salz

Die Schalotten schälen, mit kochendem Wasser überbrühen und fein hacken. Den Thunfisch ausdrücken, zerkleinern und mit den Schalotten mischen. Die Nudeln knapp gar kochen und mit dem Thunfisch vermengen. Salz, Pfeffer und – möglichst kaltgepreßtes – Öl dazugeben. Gut durchziehen lassen.

Nudeln mit Krabben

Bucatini con i gamberetti

500 g kurze Nudeln (z. B. Bucatini),
250 g geschälte Nordseekrabben,
120 g Butter,
3 Knoblauchzehen,
100 g Tomaten,
Petersilie,
Salz, Pfeffer

Knoblauch und Krabben grob hacken. Die Butter in einer Pfanne zerlassen, den Knoblauch darin glasig werden lassen. Dann die Krabben hinzufügen, mit Salz und Pfeffer würzen, einige Minuten ziehen lassen. Die geschälten und zerkleinerten Tomaten dazugeben, erhitzen und zum Schluß reichlich frisch gehackte Petersilie beifügen. Die Nudeln währenddessen knapp gar kochen, abgießen, in die Pfanne füllen, umrühren und einige Minuten erhitzen, dann servieren.

Variante: Statt der Petersilie einige frische, gehackte Basilikumblätter dazugeben.

Spaghetti mit gefülltem Tintenfisch

Spaghetti con le seppie ripiene

500 g Spaghetti,
6 Tintenfische,
500 g Tomaten,
100 g Olivenöl,
60 g Brotkrumen,
1 Zwiebel,
1 Knoblauchzehe,
Petersilie,
½ l Fischbrühe oder leichte Fleischbrühe,
Salz, Pfeffer

Die Tintenfische, die man hier am besten gefroren kauft, sollten fast handgroß sein. Waschen, knapp über den Augen abschneiden, die Innereien herausziehen, die Fangarme kleinhacken. In einer Schüssel die gehackten Fangarme mit der ebenfalls feingehackten Knoblauchzehe, der feingehackten Petersilie und den Brotkrumen mischen. Salz und Pfeffer beifügen und mit Öl zu einer Paste kneten. Die Körper der Tintenfische mit dieser Paste füllen und mit weißem Zwirn zubinden. In einer Pfanne das restliche Öl mit der gehackten Zwiebel erhitzen und die geschälten und zerkleinerten Tomaten dazugeben. Mit Salz und Pfeffer würzen. 15 Minuten kochen lassen, dann die Tintenfische nebeneinander hineinlegen. Mit der Brühe knapp bedecken. Etwa 2 Stunden kochen lassen, damit die Tintenfische wirklich weich werden. Verkochende Flüssigkeit durch Wasser ersetzen. Die Spaghetti in viel sprudelnd kochendem Wasser »al dente« kochen. Abgießen, mit der Sauce mischen und die gefüllten Tintenfische auf einem separaten Teller dazu reichen.

Tagliatelle »Belle Epoque«

400 g Mehl,
4 Eier,
2 Seezungen,
1 Zwiebel,
80 g Olivenöl,
1 dl süße Sahne,
100 g Tomaten,
Thymian,
Lorbeer,
Salz, Pfeffer,
Weinbrand

Dies ist die vereinfachte Version eines Rezeptes, das in der »Belle Epoque« besonders beliebt war. Die Tagliatelle nach dem Grundrezept herstellen, in etwa 1 cm breite Streifen schneiden und leicht antrocknen lassen. Die Seezungen filieren, die Filets in Streifen schneiden. In einer Pfanne das Öl erhitzen, die gehackte Zwiebel darin glasig werden lassen, die Seezungenstreifen beifügen, mit Lorbeer, Thymian und einigen Pfefferkörnern würzen. Etwa 2 cl Weinbrand dazugießen und einziehen lassen, die Sahne und die geschälten und zerkleinerten Tomaten oder Tomatenmark dazugeben und vorsichtig einkochen lassen. Dann durch ein Sieb streichen und warmhalten. Die Nudeln in viel Salzwasser »al dente« kochen, abgießen, mit der Sauce vermischen und im vorgeheizten Backofen kurz überbacken.

Variante: Man kann die Seezungenfilets ohne weiteres durch Schollenfilets ersetzen.

Nudeln in Fischbrühe

Pasta nel brodo di pesce

300 g Nudeln,
1200 g Fische und Fischabfälle,
4 Sardellenfilets,
60 g Olivenöl,
2 Knoblauchzehen,
1 Stück Staudensellerie,
Lorbeer,
Petersilie,
Salz, Pfeffer

Die Fische (möglichst kleine Fische mit Köpfen verwenden) waschen, ausnehmen und beiseite stellen. Man kann auch die Filets abschneiden und für den nächsten Gang verwenden. In einem Topf das Öl erhitzen und die Knoblauchzehen beifügen. Wenn sie anfangen gelb zu werden, herausnehmen und die Sardellenfilets hineinlegen. Die Fische, den zerteilten Sellerie, einige Lorbeerblätter und etwas Petersilie hinzufügen und alles knapp mit Wasser bedecken. Bei kleiner Hitze so lange kochen lassen, bis die Fische völlig zerfallen sind. Durch ein Sieb streichen, abschmecken und in dieser dicklichen Brühe die Nudeln »al dente« kochen.

Variante I: Zu den Fischen 300 g geschälte und zerkleinerte Tomaten geben.
Variante II: In dem Öl etwas kleingeschnittenen Speck anbraten, bevor der Knoblauch beigefügt wird.

Ravioli mit Fischfüllung und Frischkäse

Ravioli di pesce con la ricotta

500 g Mehl,
500 g Fleisch von gegarten Fischen, von den Gräten gelöst,
200 g Frischkäse,
500 g Blattspinat,
Borretsch und Kräuter nach Angebot,
100 g Parmesan,
3 Eier,
120 g Butter,
Salz,
Salbei

Für dieses Rezept bereitet man einen Nudelteig ohne Eier; man knetet nur Mehl und Wasser mit etwas Salz zu einem geschmeidigen Teig, den man dünn ausrollt und zu Streifen von etwa 8 cm Länge und 4 cm Breite zerschneidet. Den Fisch zerkleinern und in eine Schüssel geben. Spinat und Kräuter waschen, feinhacken und kochen, ausdrücken und ebenfalls in die Schüssel geben. Frischkäse, geriebenen Parmesan und etwas Salz beifügen und alles verkneten. Die Masse jeweils löffelweise auf eine Hälfte der Ravioli setzen, die andere Seite darüberklappen und den Rand mit einer Gabel zusammendrücken. In kochendem Wasser einige Minuten ziehen lassen, dann in einer Schüssel mit geschmolzener Butter und einigen Blättchen Salbei vermischen und servieren.

Nudeln mit Artischocken und Thunfisch

Pasta con carciofi e tonno

500 g Nudeln,
200 g Thunfisch in Öl,
6 eingelegte Artischockenböden,
60 g Olivenöl,
1 EL Tomatenmark,
⅛ l Weißwein,
1 Knoblauchzehe,
Petersilie,
Salz

Die Artischockenböden abtropfen lassen und hacken. In einem Schmortopf das Öl mit der gehackten Knoblauchzehe, etwas gehackter Petersilie und den Artischockenböden erhitzen. Nach einigen Minuten das Tomatenmark beifügen. Wein dazugießen und alles so lange ziehen lassen, bis der Wein verkocht ist. Dann den abgetropften und zerkleinerten Thunfisch dazugeben. Weitere 10 Minuten ziehen lassen. Wenn nötig, etwas Wasser hinzufügen, damit die Masse nicht zu trocken wird. Nudeln in viel Salzwasser »al dente« kochen, abgießen, mit der Sauce mischen und servieren.

Makkaroni Kardinalsart

Maccheroni del cardinale

500 g Makkaroni,
2 l Hühnerbrühe,
200 g Krabben,
120 g Butter,
100 g Parmesan,
120 g Pilze, frisch oder getrocknet und eingeweicht,
Petersilie,
Salz, Pfeffer

100 g Butter in einer Pfanne zerlassen. Parmesan hineingeben, schmelzen lassen, dann die geschälten Krabben beifügen. Unter dauerndem Rühren einige Minuten erhitzen. Vom Feuer nehmen. Die Pilze putzen und waschen, in einer anderen Pfanne mit etwas Butter und gehackter Petersilie 10 Minuten schmoren, pfeffern, salzen und samt dem Bratfond pürieren. Das Püree in die Krabbenpfanne geben und nochmals erhitzen. Nudeln in der Hühnerbrühe

»al dente« kochen, abgießen, mit der Sauce mischen und servieren. Im sehr alten Originalrezept wird vorgeschlagen, die Makkaroni mit Zucker und Zimt zu würzen, was im heutigen Italien aber nicht mehr gebräuchlich ist.

Grüne Tagliatelle mit Miesmuscheln

Tagliatelle verdi con le cozze

400 g Mehl,
3 Eier,
400 g Spinat,
1200 g Miesmuscheln,
1 Zwiebel,
1 Stück Staudensellerie,
1 Möhre,
½ l trockener Weißwein,
300 g Tomaten,
100 g Olivenöl,
1 Knoblauchzehe,
Basilikum,
Salz, Pfeffer

Die Miesmuscheln gut waschen und sortieren. Zwiebel, Sellerie, Möhre putzen und hacken, mit der Hälfte des Weißweines in einen Topf geben und zum Kochen bringen. Wenn die Flüssigkeit kocht, die Muscheln dazugeben und den Topf schließen; nach 10 Minuten öffnen sich die Muscheln. Nun werden sie aus den Schalen gelöst. Man gießt den Fond durch ein Sieb und läßt ihn etwa auf die Hälfte einkochen. Das Öl erhitzen, den gehackten Knoblauch, das gehackte Basilikum, Salz und Pfeffer sowie die eingekochte Muschelflüssigkeit dazugeben. Tomaten schälen und zerkleinern, ebenfalls beifügen (man kann auch abgetropfte Dosentomaten verwenden). Alles kochen lassen, bis sich die Sauce bindet, den restlichen Wein hineingießen, aufkochen lassen und die ausgelösten Muscheln hinzufügen. Die Nudeln nach dem Grundrezept herstellen. Dabei den Spinat erst knapp gar kochen, dann passieren und gut ausdrücken, bevor er unter den Nudelteig gerührt wird. Die fertigen Nudeln in viel Salzwasser »al dente« kochen und mit der Sauce mischen.

Makkaroniauflauf mit Miesmuscheln, Herzmuscheln und Eiern

Pasticcio di maccheroni con le cozze, vongole e uova

500 g gebrochene Makkaroni,
500 g Miesmuscheln,
500 g Herzmuscheln,
120 g Butter,
4 Eier,
2 Eigelb,
Salz, Pfeffer,
Semmelbrösel,
Petersilie

Die Miesmuscheln waschen und sortieren, dann in wenig Wasser in einem geschlossenen Topf bei starker Hitze einige Minuten kochen, bis sie sich öffnen; das Fleisch aus den Schalen nehmen, den Saft aufbewahren. Die Herzmuscheln, die man bei uns meistens gefroren kauft, in wenig Flüssigkeit erhitzen und ebenfalls aus den Schalen lösen. 1 Eßlöffel Butter zerlassen, die Muscheln darin ziehen lassen, die Kochflüssigkeit beigeben und etwas einkochen lassen, dann die Eigelb, Salz, Pfeffer und etwas gehackte Petersilie hinzufügen, vermischen und vom Feuer nehmen. Die Makkaroni in reichlich Salzwasser knapp gar kochen, abgießen. Butter und Eier verrühren, mit den heißen Nudeln mischen, in eine ausgefettete und mit Semmelbröseln ausgestreute Form füllen. Das Muschelragout darauf verteilen, mit einigen Butterflöckchen besetzen und im vorgeheizten Backofen 20 Minuten überbacken.

Variante I: Außer den Eiern und der Butter einige Eßlöffel geriebenen Parmesan in die Auflaufform geben.
Variante II: Einige geschälte und zerdrückte Tomaten unter die Nudeln mischen.

Rezepte mit hellem Fleisch

Makkaroni Escoffier

Maccheroni alla Escoffier

500 g Makkaroni,
120 g gekochte Hühnerbrust,
80 g Frischkäse,
80 g halbweicher Käse,
Butter

Die Hühnerbrust sehr klein schneiden oder fein hacken, den Frischkäse glattrühren und mit dem anderen geriebenen Käse vermischen. Makkaroni kochen, in Butter schwenken, mit der Sauce und dem Fleisch vermengen. Alles in eine gebutterte Auflaufform füllen und einige Minuten lang überbacken.

Dieses Rezept geht auf den großen Escoffier zurück, ist aber hier für den Hausgebrauch etwas vereinfacht worden.

Makkaroni mit Huhn

Maccheroni con pollo

500 g Makkaroni,
1 Huhn, ausgenommen, etwa 1 kg schwer,
160 g Butter,
1 Glas Weißwein (⅛ l),
200 g Tomaten,
Hühnerbrühe,
1 EL Mehl,
1 Stück Sellerie,
1 Möhre,
1 Porree,
Parmesan,
Salz, Pfeffer

60 g Butter in einer Pfanne erhitzen, das in Stücke geschnittene Huhn hineingeben und von allen Seiten anbräunen lassen. Dann einen Eßlöffel Mehl darüberstäuben und gleich darauf einige Eßlöffel Hühnerbrühe hinzufügen. Wenn der Fond sich bindet, das Glas Weißwein dazugießen. Den Wein einkochen lassen, mit Pfeffer und Salz abschmecken und die passierten Tomaten dazugeben. Alles schmoren lassen, bis das Hühnerfleisch gar und die Sauce sämig, aber noch flüssig ist. Inzwischen die Makkaroni in reichlich Salzwasser kochen, in der restlichen Butter und dem geriebenen Parmesan schwenken und die Sauce darunterheben. In Suppenteller verteilen und auf jede Portion ein Stück Hühnerfleisch legen.

Makkaroni mit Kalbsragout

Maccheroni con ragù di vitello

500 g Makkaroni,
300 g Kalbfleisch,
100 g Olivenöl,
½ Glas Weißwein,
2 Zwiebeln,
1 Stück Sellerie,
1 Möhre,
Parmesan,
Basilikum,
Salz, Pfeffer

Das Kalbfleisch in nicht zu kleine Stücke schneiden. Öl in der Pfanne erhitzen, die kleingehackten Zwiebeln dazugeben und rösten. Wenn sie goldgelb sind, den Sellerie und die Möhre kleingeschnitten hinzutun und etwas anbraten. Dann das Fleisch mit den Basilikumblättern hineingeben und von allen Seiten anschmoren, mit Salz und Pfeffer abschmecken und mit dem halben Glas Weißwein ablöschen. Bei kleinem Feuer schmoren lassen, wenn nötig ab und zu etwas lauwarmes Wasser oder Brühe dazugießen. Die Nudeln »al dente« kochen und mit dem Ragout vermengen, den geriebenen Parmesan getrennt dazu reichen.

Makkaronipastete mit Huhn

Pasticcio di maccheroni col pollo

500 g Makkaroni,
600 g Hühnerfleisch,
200 g Butter,
200 g Parmesan,
Salz, Pfeffer

Die Makkaroni kochen, abgießen und mit der Hälfte der Butter und des geriebenen Parmesans vermischen. Eine Auflaufform einfetten, ein Drittel der Makkaroni, gewürzt mit Salz und Pfeffer, hineinfüllen, etwas Käse darüberstreuen und einige Butterflocken sowie die Hälfte des kleingeschnittenen Hühnerfleisches darauflegen. Nun wieder eine Schicht Makkaroni, dann den Rest des Hühnerfleisches mit Butterflocken darauf verteilen und mit dem Rest der Makkaroni bedecken. Zum Schluß Parmesan und etwas Butter darübergeben und ca. 30 Minuten im Ofen überbacken.

Tagliatelle mit Kaninchenragout

Tagliatelle col sugo di coniglio

400 g Mehl,
4 Eier,
1 junges Kaninchen,
100 g Olivenöl,
1 Glas Weißwein,
1 Zwiebel,
Parmesan,
Salz, Pfeffer

Die Tagliatelle wie üblich herstellen (oder fertige nehmen). Die Sauce kann auf verschiedene Art zubereitet werden. Die einfachste: Öl in einer Pfanne mit der gehackten Zwiebel erhitzen. Dann das zerteilte Kaninchenfleisch hineingeben, gut anbraten, mit Salz und Pfeffer bestreuen und mit dem Weißwein ablöschen. Auf kleinem Feuer gar schmoren. Falls die Flüssigkeit zu sehr einkocht, einige Eßlöffel Wasser dazugeben. Es ist wichtig, daß genügend Sauce vorhanden ist, weil man sie für die Nudeln braucht.

Variante: In das Öl passierte Tomaten geben; auch Kräuter wie z. B. Lorbeer, Salbei, Rosmarin; eventuell Knoblauch und Pinienkerne.

Makkaroni mit Bratenresten

Napoletanina

500 g Makkaroni,
200 g Kalbsbraten,
gebratenes Huhn oder andere Bratenreste,
3 Eigelb,
100 g roher Schinken,
500 g Tomaten,
60 g Parmesan,
60 g Butter,
80 g Olivenöl,
Salz, Pfeffer

Den Braten und den Schinken sehr fein hacken, in einer Schüssel mit den 3 Eigelb und dem geriebenen Käse verrühren. Inzwischen die Makkaroni kochen, in einem großen Stück Butter schwenken und mit der angerührten Sauce vermischen. Alles in eine gefettete Form füllen und eine halbe Stunde lang im Wasserbad kochen; zum Schluß in eine Schüssel geben. Inzwischen aus dem Öl, den pürierten Tomaten, Salz und Pfeffer eine Sauce zubereiten, die über die Nudeln gegossen wird.

Variante: Um die Fleisch-Schinkenmasse weicher zu machen, schlägt man das Eiweiß schaumig und zieht es darunter.

Prinzeßmakkaroni

Maccheroni alla principessa

500 g Makkaroni,
150 g Butter,
150 g Honig,
2 l Hühnerbrühe,
1 Glas Weißwein,
1 EL Essig,
Zimt,
Ingwer,
Parmesan

In einer Kasserolle 100 g Butter zerlassen. Den Honig dazugeben, der vorher im Wasserbad flüssig gemacht wurde. Den Wein dazugießen, einkochen lassen, dann Essig, Zimt und Ingwer hinzufügen. Die Makkaroni inzwischen in der Hühnerbrühe kochen, herausnehmen und mit der Honigsauce vermischen. Den Rest der Butter darübergeben und mit Parmesan bestreuen.
In den mittelalterlichen Chroniken liest man immer wieder von fetter Kapaunenbrühe, die mit Honig gewürzt ist. Es gibt verschiedene Versionen davon, die sich durch die Zutaten unterscheiden. Dies ist ein Rezept des Hochzeitsmahls anläßlich der Vermählung von Bona Sforza und Sigismund von Polen in Neapel. Mit einigen Jahrhunderten Verspätung können wir an diesem Bankett teilnehmen, wenn wir diese delikaten Makkaroni »alla principessa« selbst herstellen.

Makkaronipastete Messina

Pasta ’ncaciata, alla messinese

400 g Makkaroni,
60 g mageres Kalbfleisch,
600 g Tomaten,
60 g Hühnerleber,
60 g Salami,
60 g Mozzarella,
2 Auberginen,
60 g Erbsen,
2 Eier,
1 Knoblauchzehe,
Olivenöl,
Schafskäse,
Pfeffer, Salz,
Basilikum

Zuerst die Auberginen in Scheiben schneiden, mit Salz bestreuen und 1 Stunde liegen lassen, damit die Bitterstoffe herausgezogen werden. Dann abtupfen, in reichlich heißem Öl braten, gut abtropfen lassen und mit Küchenpapier abtrocknen; mit Salz bestreuen und warm stellen. Nun die nächste Zutat garen: 50 g Öl in einer Pfanne erhitzen, eine gehackte Knoblauchzehe hinzufügen, die später wieder herausgenommen wird. Das Kalbfleisch am besten mit dem Wiegemesser kleinhacken und auch hineingeben. Ein wenig anbraten und die Tomatenmasse dazugeben, mit Salz und Pfeffer abschmecken. Einige Minuten lang schmoren lassen, dann die kleingeschnittene Hühnerleber und die Erbsen dazutun und alles bei kleinem Feuer nochmals eine halbe Stunde lang dünsten. Inzwischen den Mozzarella und die Salami würfeln, die Eier hartkochen und in Scheiben schneiden. Jetzt die gebrochenen Makkaroni »al dente« kochen und mit einem Teil der Sauce vermengen. In eine gebutterte Auflaufform füllen, immer abwechselnd eine Schicht Mozzarella und Salami sowie eine Schicht Auberginen, Sauce und Eischeiben, mit Basilikum bestreut, darüberlegen. Zum Schluß mit Olivenöl übergießen, mit Schafskäse bestreuen und in den Backofen schieben. Etwa 30 Minuten lang bei mittelstarker Hitze überbacken. Diese sizilianische Pastete schmeckt ausgezeichnet und ist trotz der notwendigen längeren Vorbereitungszeit zu empfehlen.

Nudeln in Hühnerbrühe mit Erbsen, Spargel und Ei

Pasta in brodo con piselli, asparagi e uova

300 g Mehl,
5 Eier,
2 l Hühnerbrühe,
150 g frische Erbsen (Pahlerbsen),
60 g Butter,
80 g Parmesan,
Spargelspitzen,
Salz

Den Nudelteig nach dem Grundrezept mit 3 Eiern und einer Prise Salz herstellen. Kleine Quadrate aus dem ausgerollten Teig schneiden und in der Brühe mit den Spargelspitzen und den Erbsen kochen. Die Suppe vom Feuer nehmen, vorsichtig die restlichen 2 Eigelb darunterziehen und servieren.

Nudeln in Hühnerbrühe mit Zitrone

Pasta in brodo al limone

300 g kleine Nudeln,
2 l Hühnerbrühe,
3 Eigelb,
2 Zitronen

In einer Suppenschüssel die 2 Eigelb mit einigen Löffeln Brühe und dem Zitronensaft schlagen. Inzwischen in der Hühnerbrühe die Nudeln »al dente« kochen, in die Suppenschüssel gießen und gut vermischen.

Nudel-Hühner-Salat

Pasta in insalata col pollo

300 g Nudeln,
120 g Hühnerfleisch,
Olivenöl,
Salz, Pfeffer,
Zitrone

Die Nudeln knapp »al dente« kochen, abgießen und in einer Suppenschüssel mit dem gewürfelten Hühnerfleisch, Olivenöl, Salz, Pfeffer und dem Zitronensaft vermischen. Gut durchziehen lassen und kalt servieren.

Variante I: In den Salat Basilikum und Petersilie geben.
Variante II: Anstatt Pfeffer Paprika oder Curry nehmen.

Makkaroni mit Foie gras (Gänseleberpastete)

Maccheroni al foie gras

500 g Makkaroni,
200 g Foie gras oder Gänseleberpastete,
120 g Sahne,
1 Glas Madeira,
3 dl Fleischbrühe,
100 g Hühnerbrust,
50 g gekochter Schinken,
50 g Pökelzunge,
50 g schwarze Trüffel,
100 g Butter,
Salz, Pfeffer

Die Hühnerbrust mit einigen Tropfen Madeira übergießen und in Butter anbraten, die Fleischbrühe hinzufügen und mit Salz und Pfeffer würzen. Wenn sie gar ist, die Hühnerbrust in Würfel schneiden, ebenso den gekochten Schinken und die Zunge. In einer Schüssel die Leberpastete mit etwas Fleischbrühe, einem guten Schuß Madeira, Sahne und den gehackten Trüffeln vermengen. Diese Pastete im Wasserbad ca. 20 Minuten erhitzen. Inzwischen die Makkaroni kochen, abgießen und in eine Schüssel füllen. Zum Schluß die Hühner-, Schinken- und Zungenwürfel in die Leberpastetensauce geben und das Ganze über die in Butter geschwenkten Makkaroni gießen.

Makkaroni mit Hühnerbrust

Maccheroni con i petti di pollo alla favorita

500 g Makkaroni,
2 Hühnerbrüste,
200 g Butter,
100 g frische Pilze,
2 dl Sahne,
1 Glas Weißwein,
1 Gläschen Weinbrand,
200 g Tomaten,
Salz, Pfeffer,
Petersilie,
100 g Parmesan

Die Hühnerbrüste in Stücke schneiden und in einem Topf mit 60 g Butter anschmoren, bis sie goldbraun sind; dann die Sahne, danach den Weinbrand dazugeben. Etwas einkochen lassen und die Pilze hinzufügen, die inzwischen in einem anderen Topf mit Butter geschmort wurden. Nun den Wein, Pfeffer, Salz und Petersilie beifügen und nochmals alles gut durchschmoren. Den Rest der Butter mit dem Tomatenpüree verkneten, die Makkaroni kochen, abgießen und mit der Butter-Tomaten-Masse vermischen. Auf eine große Platte füllen, in der Mitte eine Mulde lassen und dort hinein die Sauce mit dem Hühnerfleisch und den Pilzen gießen. Geriebenen Parmesankäse darüberstreuen und servieren.

Nudeln mit Gänseragout

Pasta col ragù di oca

500 g Nudeln,
300 g Gänsebrust,
60 g Olivenöl,
30 g Butter,
200 g Zwiebeln,
500 g geschälte Tomaten (Konserve),
Fleischbrühe,
Salz, Pfeffer,
Parmesan

Die Gänsebrust in Öl, Butter, den gehackten Zwiebeln, Salz und Pfeffer anbraten, bis sie von allen Seiten angebräunt ist, dann die geschälten Tomaten mit dem Saft dazugeben und bei kleiner Flamme gar schmoren. Wenn nötig, den Fond mit der Fleischbrühe verlängern. Zum Schluß die Gänsebrust herausnehmen, in nicht zu kleine Stücke schneiden und wieder in die Sauce zurückgeben. Die Nudeln in reichlich Salzwasser kochen, abgießen, in eine Suppenschüssel füllen und das Ragout darübergießen.

Trientiner Tagliatelle mit Kalbsragout

Tagliatelle trentine col ragù di vitello

450 g Mehl,
2 Eier,
800 g schieres Kalbfleisch,
60 g Butter,
1 Zwiebel,
1 dl Sahne,
1 Glas Weißwein,
Salz, Pfeffer

Die Nudeln wie üblich nach dem Grundrezept zubereiten aus 400 g Mehl, den Eiern, einer Prise Salz und eventuell etwas lauwarmem Wasser. Gut durchkneten, ausrollen und die Tagliatelle schneiden. Auf einem mit Mehl bestäubten Brett oder Tuch trocknen lassen. Die Butter inzwischen in einer Pfanne erhitzen, die gehackte Zwiebel darin glasig werden lassen. Das Fleisch mit Mehl bestreuen und das ganze Stück darin anbraten. Sobald es Farbe annimmt, mit Wein ablöschen, einkochen lassen und Brühe oder Wasser beifügen. Wenn das Fleisch gar ist, d. h. je nach seiner Beschaffenheit nach 1½–2½ Stunden, herausnehmen, die Sauce mit Salz und Pfeffer abschmecken und die Sahne darunterrühren. Die inzwischen gekochten Tagliatelle damit vermengen und das Fleisch als Beilage reichen.

Variante: Das Fleisch in Butter und Speck anbraten.

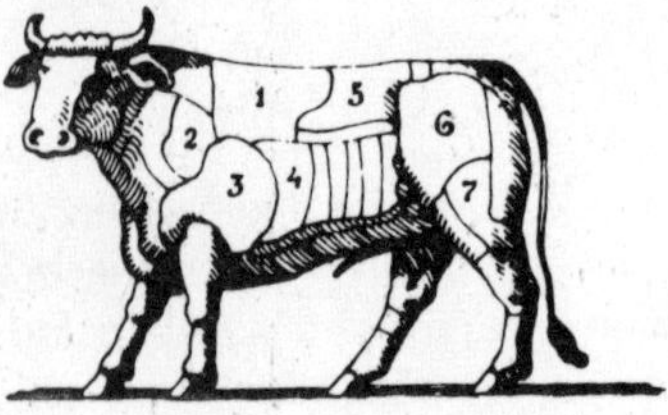

Nudeln mit Schnecken

Pasta con le lumache

500 g Nudeln,
32 Schnecken,
½ l Weißwein,
300 g Tomaten,
100 g Olivenöl,
1 Zwiebel,
Petersilie,
Salz, Pfeffer

Die Schnecken in kochendes Wasser geben, ¼ Stunde darin kochen, herausnehmen und mit der Spezialgabel die Schnecken aus der Schale ziehen. Den hinteren schwarzen Teil abschneiden (er schmeckt nicht), die Schnecken in warmem Wasser waschen und in eine Terrine geben; mit Salz und einem Glas angewärmtem Wein bedecken und so mindestens eine Stunde ziehen lassen. Herausnehmen und nochmals mit einem Tuch abtrocknen und reinigen, so daß auch der restliche Schleim verschwindet. Dann nochmals in der Terrine mit Weißwein bedecken und 1 oder 2 Stunden ziehen lassen. Danach in ein Sieb geben und einige Minuten unter fließendem, kaltem Wasser abspülen. Jetzt sind die Schnecken kochfertig. In einer Pfanne Öl mit der kleingehackten Zwiebel erhitzen. Wenn die Zwiebel glasig wird, die enthäuteten und kleingeschnittenen Tomaten hineingeben, mit Salz und Pfeffer würzen, etwas gehackte Petersilie darüberstreuen. Nun die Schnecken hineintun, noch ein Glas Wein hinzufügen und die Sauce bei ganz kleiner Flamme 3–4 Stunden einkochen lassen. Wenn sie zu stark eindickt, ab und zu einige Löffel warmes Wasser dazugießen. Die inzwischen gekochten Nudeln mit der Schneckensauce vermengen und servieren.

Variante I: Anstatt Zwiebel Knoblauch nehmen oder beides.
Variante II: In die Sauce noch Sellerie, Muskatnuß und ein Stückchen rote Pfefferschote geben, die man zum Schluß wieder herausnimmt.

Nudeln mit Taubenragout

Pasta col ragù di piccione

500 g Nudeln,
1 Taube,
60 g Olivenöl,
1 EL Butter,
200 g Zwiebeln,
500 g geschälte Tomaten,
Fleischbrühe,
Salz, Pfeffer,
100 g Parmesan

Öl und Butter in einer Pfanne erhitzen, eine kleingehackte Zwiebel darin glasig werden lassen. Die gesäuberte und ausgenommene Taube im ganzen darin anschmoren, mit Salz und Pfeffer würzen und die geschälten Tomaten mit dem Saft hineingeben. Bei ganz kleinem Feuer köcheln lassen. Wenn die Sauce so weit eingekocht ist, daß sie dicklich wird, einige Löffel Fleischbrühe hinzufügen. Wenn die Taube gar ist, herausnehmen und entbeinen. Das kleingeschnittene Fleisch wieder in die Sauce geben. Inzwischen die Nudeln kochen, abgießen und mit der Sauce vermischen. Geriebenen Parmesan dazu reichen.

Variante: Zur Verlängerung der Sauce Milch statt Fleischbrühe in den Fond gießen.

Gabelspaghetti alla Lucia

Spaghettini alla Lucia

500 g Gabelspaghetti,
100 g mageres Kalbfleisch,
100 g mageres Hühnerfleisch,
2 EL Olivenöl,
1 EL Butter,
6 gefüllte Oliven (aus dem Glas),
80 g Essiggemüse,
1 Glas Weißwein,
1 Würfel Fleischbrühe,
2 reife Tomaten,
1 Sardellenfilet,
Petersilie,
Salz, Pfeffer

Kalb- und Hühnerfleisch in sehr feine Streifen schneiden und in einer Pfanne mit Öl und Butter anbräunen; mit Salz und Pfeffer würzen. Dann die Oliven und das Essiggemüse kleingehackt dazugeben, etwas umrühren und den Wein dazugießen. Die Tomaten häuten, kleinschneiden und ebenfalls in die Pfanne geben. Unter Umrühren etwas schmoren lassen, den Würfel Fleischbrühe und das gewässerte, gesäuberte, kleingehackte Sardellenfilet dazutun, durchschmoren lassen und die Petersilie darüberstreuen. Unter die inzwischen gekochten Spaghetti heben und servieren.

Nudeln mit Lebersauce nach Genueser Art

Pasta con salsa di fegato alla genovese

500 g Nudeln,
250 g Kalbsleber,
50 g Butter,
1 l Fleischbrühe,
2 TL Essig,
kandierte Orangen- und Zitronenstücke,
Fenchelsamen,
Honig,
Zimt,
Nelkenköpfe,
Muskatnuß,
Salz, Pfeffer

Dies ist ein sehr altes Rezept aus der Zeit, als man noch keine Tomaten in Europa kannte und die Sauce zu den Makkaroni süß statt salzzig war. Die Leber säubern und in feine Streifen schneiden, in der Butter anbraten und mit Salz und Pfeffer würzen; zerdrücken oder kleinhacken (sie darf nicht ganz durchgebraten sein) und auch die anderen Zutaten in einem Mörser zerstoßen. Die Menge der Zutaten wird dem persönlichen Geschmack überlassen. Dann alles mit dem Honig, Essig, etwas Salz und Pfeffer verrühren, in die Fleischbrühe geben und darin so lange kochen lassen, bis die Brühe eingekocht und eine sämige Sauce entstanden ist. Mit den inzwischen gekochten Nudeln vermengen und servieren.

Russischer Salat mit Nudeln, Zunge und Hummer

Insalata russa con pasta, lingua e aragosta

200 g Nudeln,
50 g Hummerfleisch (oder Krebsfleisch aus der Dose),
50 g Pökelzunge,
50 g Möhren,
50 g Kohlrabi,
50 g grüne Bohnen,
50 g Erbsen,
50 g Pilze,
50 g Kartoffeln,
2 kleine Essiggurken,
2 EL Kapern,
2 Sardellenfilets,
½ l Öl,
3 Eigelb,
Zitronensaft,
Salz, Pfeffer,
50 g rote Rüben

Aus Eigelb, Öl und Zitronensaft eine Mayonnaise herstellen. Die verschiedenen Zutaten kochen und kleinwürfeln. Die Pilze kleinschneiden, in etwas Öl schmoren und mit den ganzen Kapern und den übrigen Zutaten in die Mayonnaise geben, mit Salz und Pfeffer abschmecken. Nun die roten Rüben und die Nudeln kochen und abkühlen lassen. Die Nudeln in den Salat geben, eine Kuppel formen und mit den in Scheiben geschnittenen roten Rüben garnieren.

Gefüllte Nudeln mit Kalbshirn

Cappelletti col ripieno di cervello

400 g Mehl,
4 Eier,
2 Eigelb,
150 g Kalbshirn,
150 g Kalb- oder Hühnerfleisch,
Salz, Pfeffer,
Muskatnuß,
1½ l Fleischbrühe,
100 g Parmesan

Den Teig nach dem Grundrezept herstellen, ausrollen und runde Scheiben ausstechen. Für die Füllung das Kalb- oder Hühnerfleisch durch den Wolf drehen sowie das gekochte Kalbshirn und mit dem Eigelb, Salz, Pfeffer und Muskatnuß vermengen. Die Masse in kleinen Häufchen auf die Teigscheiben verteilen, die Scheiben zusammenklappen und die Ränder gut andrücken. Dann in der Fleischbrühe kochen und getrennt dazu den geriebenen Parmesan servieren.

Rezepte mit Schweinefleisch

Makkaroni mit Schinken

Maccheroni al prosciutto

500 g Makkaroni,
150 g roher Schinken,
120 g Butter,
50 g Mehl,
½ l Milch,
Salz, Pfeffer,
Muskatnuß,
100 g Parmesan

Eine Béchamelsauce bereiten aus 60 g Butter, dem Mehl und der nach und nach beigefügten Milch; mit Salz, Pfeffer und einer Prise Muskatnuß abschmecken. Die gebrochenen Makkaroni in reichlich Salzwasser »al dente« kochen. Mit ⅔ der Béchamelsauce vermengen, die Hälfte des geriebenen Parmesans und den gewürfelten oder in feine Streifen geschnittenen Schinken dazugeben. Alles in eine gefettete Auflaufform füllen, den Rest der Béchamelsauce und des Parmesans darübergeben und einige Butterflocken darauf verteilen. Im Ofen goldgelb überbacken.

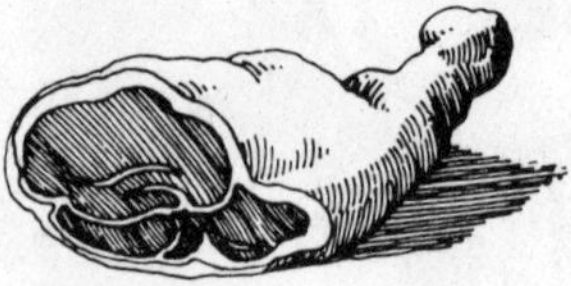

Nudeln mit Ei und gekochtem Schinken

Rigatoni con uova e prosciutto cotto

500 g Nudeln,
100 g gekochter Schinken,
3 Eier,
60 g Hartkäse,
60 g Butter,
1 dl Sahne,
Muskatnuß,
Salz, Pfeffer

1 Eßlöffel Butter in einer Pfanne zerlassen, den gewürfelten Schinken hineintun, anschließend die schon gekochten Nudeln dazugeben. Die Eier mit der Sahne verquirlen, mit Muskatnuß, Salz und Pfeffer würzen und über die Nudeln gießen. Wenn die Eier stokken, vom Feuer nehmen, auf Tellern oder in einer Schüssel servieren. Den geriebenen Hartkäse extra dazu reichen.

Neapolitanischer Makkaroniauflauf

Pasta al forno alla napoletana

500 g Makkaroni,
800 g Tomaten,
200 g Mozzarella,
100 g gekochter Schinken,
80 g Schafskäse,
60 g Olivenöl,
½ Zwiebel,
Semmelbrösel,
Basilikum,
Salz, Pfeffer,
Zucker

Zuerst reichlich Tomatensauce zubereiten: In einer Pfanne die gehackte Zwiebel in dem Olivenöl anrösten und die Tomatenmasse, d. h. die geschälten, durch ein Sieb passierten Tomaten hineingeben. 20 Minuten lang schmoren lassen, mit Salz und Pfeffer abschmecken; auch einen halben Teelöffel Zucker dazutun, den man nicht durchschmeckt, der aber der Sauce den etwas säuerlichen Geschmack nimmt. Die Makkaroni »al dente« kochen und mit einem Teil der Tomatensauce vermischen. Nun eine gefettete Auflaufform mit Semmelbröseln ausstreuen und schichtweise die Nudeln einfüllen; immer eine Nudelschicht abwechselnd mit einer Schicht Sauce und in Scheiben geschnittenem Mozzarella, Basilikum, gewürfeltem gekochtem Schinken und geriebenem Schafskäse. Schließlich auf die letzte Schicht Tomatensauce und Käse etwas Semmelbrösel streuen, Öl darübergießen und eine gute halbe Stunde lang im Ofen überbacken.

Makkaroni mit echtem neapolitanischen Ragout

Maccheroni col ragù napoletano verace

500 g Makkaroni,
800 g Rinderlende,
80 g Schweineschmalz,
2 EL frisches Tomatenpüree oder Tomatenmark
40 g Olivenöl,
1 Zwiebel,
1 Möhre,
1 Stück Sellerie,
Parmesan,
Salz, Pfeffer,
Basilikum

Als wichtigste Zutat zu diesem Rezept benötigt man viel Zeit. Sonst ist die Zubereitung problemlos.

Das Schweineschmalz in einer Pfanne erhitzen, Zwiebel, Möhre und Sellerie kleingehackt darin anschmoren und darauf das Fleisch legen, das am besten etwas zusammengebunden wird, damit es während der langen Kochzeit nicht auseinanderfällt. Dann bei sehr kleinem Feuer weiterschmoren lassen; ab und zu den Fond mit einem Holzlöffel umrühren, mit etwas Wasser auffüllen, nach und nach das Tomatenpüree dazugeben, mit Salz und Pfeffer abschmecken und nochmals lange schmoren lassen, möglichst stundenlang; es muß der ganze Saft aus dem Fleisch gezogen werden.

Zum Schluß das gehackte Basilikum darüberstreuen und die Sauce über die inzwischen gekochten und in eine Schüssel gefüllten Makkaroni geben.

Den geriebenen Parmesan extra dazu reichen.

Das Fleisch wird als zweiter Gang serviert oder anderweitig verwertet.

Dies ist ein klassisches neapolitanisches Gericht. Ursprünglich wurde es in einem Tontopf zubereitet, wie sie früher in Neapel auf einem Kohleherd vor der Haustür standen, weswegen es auch »nach Art der Türgucker« genannt wurde. Das Ragout stand stundenlang auf dem Herd, wobei es nicht richtig kochen durfte, sondern nur ab und zu einige Blasen warf. Von Zeit zu Zeit sah man nach, ob die Sauce schon fertig war; erst wenn sie dunkel und dickflüssig wurde und durch das Fett einen Goldschimmer bekam, wurde sie vom Feuer genommen.

Makkaroni nach Hirtenart

Maccheroni alla pastora

500 g Makkaroni,
60 g Speck,
200 g Frischkäse,
Milch,
Schafskäse,
Salz, Pfeffer

Den Frischkäse mit einigen Eßlöffeln lauwarmer Milch in einer Schüssel glattrühren, dann den gewürfelten und gerösteten Speck, Salz und Pfeffer dazugeben.
Die Makkaroni in reichlich Salzwasser »al dente« kochen und mit der Käsesauce vermengen. Den geriebenen Schafskäse getrennt dazu reichen.

Makkaroni Piedigrotta

Maccheroni di Piedigrotta

500 g Makkaroni,
200 g frische, weiche Kochwurst,
5 Eier,
40 g Öl,
40 g Butter,
Parmesan,
Salz, Pfeffer

In einer Pfanne Butter und Öl erhitzen, die enthäutete und kleingeschnittene Kochwurst hineingeben und einige Löffel heißes Wasser dazugießen. Bei kleinem Feuer schmoren lassen. Inzwischen die Makkaroni »al dente« kochen und abgießen, zur Kochwurst in die Pfanne geben und mit der Gabel alles gründlich vermischen. Die mit etwas Salz und Pfeffer verquirlten Eier darübergießen und stokken lassen, servieren. Geriebenen Parmesan extra dazu reichen.
Wir verdanken dieses Rezept einem Autor berühmter neapolitanischer Lieder, der außer seinen Liedern auch köstliche Gerichte komponierte.

Das Rezept zum nebenstehenden Bild

Spaghettisalat

150 g Edamer
125 g Cervelatwurst
125 g gekochte Rinderzunge
1 kleine Zwiebel
3 kleine Gewürzgurken
6 kleine Tomaten
200 g gekochte Spaghetti
2 EL Essig
3 EL Öl
2 EL Tomatenketchup
Salz
schwarzer Pfeffer
1 Prise Zucker
edelsüßes Paprikapulver
1 EL gehackte Kräuter
große gewaschene Salatblätter

Den Käse, die Wurst und die Zunge in Streifen, die geschälte Zwiebel und die Gurken in Scheiben schneiden. Die Tomaten waschen, abtrocknen, achteln und dabei die Stengelansätze entfernen. Alles mit den Spaghetti vermengen. Die Zutaten für die Marinade verrühren, unter den Salat mischen und gut 1 Stunde durchziehen lassen. Eventuell nachwürzen. Auf den Salatblättern anrichten.

Das Rezept zum nebenstehenden Bild

Bandnudeln mit Hühnerlebersauce

250 g Bandnudeln
50 g durchwachsener Speck
1 Zwiebel
1 Knoblauchzehe
2 EL Öl
½ grüne Paprikaschote
250 g Hühnerleber
4 Tomaten
1 Tasse herber Weißwein
½ TL Salz
1 Msp Pfeffer
½ TL Paprika

Die Nudeln in Salzwasser weich kochen und abtropfen lassen. Die Zwiebel, den Speck und die Knoblauchzehe im heißen Öl anlaufen lassen. Die Paprikaschote würfeln und mit den zu Scheiben geschnittenen Hühnerlebern zu den Zwiebeln geben. Einige Minuten durchrösten und dann die geschälten, zerkleinerten Tomaten dazugeben. Mit dem Wein aufgießen. Die Gewürze hinzufügen und noch einige Minuten kochen lassen. Die Sauce über die heißen Nudeln geben.

Makkaroni nach Art der Müllerin

Maccheroni alla mulinara

500 g Nudeln,
100 g Bauchspeck,
100 g Schweinefilet,
100 g Kalbfleisch,
100 g Gänsefleisch,
500 g Tomaten,
80 g Olivenöl,
1 Stück Staudensellerie,
Parmesan,
Salz, Pfeffer

Öl in der Pfanne mit dem gehackten Sellerie erhitzen, dann den gewürfelten Speck dazugeben, anrösten, Schweine-, Kalb- und Gänsefleisch gehackt hineingeben und anschmoren. Die pürierten Tomaten hinzufügen, mit Salz und Pfeffer abschmecken und gut durchschmoren lassen. Die Nudeln wie üblich »al dente« kochen, mit der Sauce mischen, servieren und den geriebenen Parmesan extra dazu reichen.

Makkaroni mit Grieben

Maccheroni con i cigoli

500 g Makkaroni,
300 g Griebenschmalz (Grieben nicht zu sehr ausbraten),
Lorbeer,
Parmesan,
Salz, Pfeffer

Dieses ist ein sehr altes, einfaches und wohlschmeckendes Gericht aus der traditionellen neapolitanischen Küche. Wichtig sind die richtigen Grieben, die frisch und fett sein sollen, das heißt nicht zu sehr ausgebraten. Sie werden in die Pfanne gegeben und bei kleinem Feuer zusammen mit einem Lorbeerblatt erhitzt. Wenn die Grieben knusprig sind, über die gekochten Nudeln gießen und mit Salz und Pfeffer würzen. Geriebenen Parmesan dazu reichen.

Gnocchi aus Frischkäse mit Bauchspeck
Gnocchi di ricotta con la pancetta

300 g Frischkäse,
3 Eier,
100 g Bauchspeck,
180 g Parmesan,
100 g Mehl,
150 g Butter,
Salz, Pfeffer

In einer Schüssel den Frischkäse mit den Eiern und der Hälfte des Parmesans gut durchkneten. Den Speck in Würfel schneiden und leicht anrösten, abkühlen lassen. Dann das Mehl, die Speckwürfel, Salz und Pfeffer zur Käsemasse geben und alles zusammen durchkneten, bis man eine glatte, geschmeidige Masse erhält. Den Teig zu kleinen, nußgroßen Kugeln formen, diese Gnocchi leicht mit Mehl bestäuben und in wenig Butter braten. In eine Schüssel füllen, in dem Rest der Butter und des geriebenen Parmesans schwenken und servieren.

Spaghetti mit Speck und Ei
Spaghetti con bacon e uova

500 g Spaghetti,
3 Eier,
200 g durchwachsenen Speck,
2 dl Sahne,
100 g Parmesan,
60 g Butter,
30 g Olivenöl,
Salz, Pfeffer

Einen Eßlöffel Butter und Öl zerlassen, den in Würfel geschnittenen Bauchspeck dazugeben und leicht anrösten. In einer Schüssel die Eier mit der Sahne, dem geriebenen Parmesan, einem Eßlöffel zerlassener Butter und je einer Prise Salz und Pfeffer verrühren. Mit einem Schneebesen so lange schlagen, bis alles glatt und flüssig ist. Die Spaghetti »al dente« kochen, abgießen, mit den geschlagenen Eiern in eine Pfanne geben, gut umrühren. Den Bauchspeck hinzufügen und noch einmal gründlich vermengen. Auf Tellern oder in einer Schüssel servieren.

Nudeln mit Broccoli und Speck

Pasta con i broccoli al lardo

500 g Nudeln,
300 g Broccoli,
100 g Speck,
1 Knoblauchzehe,
1 Pfefferschote,
Schafskäse,
Salz

Den Speck kleinschneiden und in einer Pfanne erhitzen, Knoblauch und die kleingeschnittene Pfefferschote einen Augenblick lang darin miträsten, dann herausnehmen. Den zerkleinerten Broccoli hineintun und 20 Minuten schmoren lassen. Inzwischen die Nudeln »al dente« kochen und mit dem Broccoli vermengen. Den geriebenen Schafskäse extra dazu reichen.

Auflauf aus Lasagne und Schinken

Timpano di lasagne nel prosciutto

400 g Mehl,
10 Eier,
150 g roher Schinken,
2 dl Fleischsaft (Würfel),
170 g Butter,
100 g Parmesan,
200 g Mozzarella,
Salz,
Semmelbrösel

Aus dem Mehl, 4 Eiern, einer Prise Salz und einem Tropfen Wasser die Lasagne nach dem Grundrezept herstellen und in der Fleischbrühe kochen. Eine Auflaufform einfetten, mit dem in feine Streifen geschnittenen Schinken auslegen und darüber ein geschlagenes Ei verstreichen. In die Mitte die Hälfte der Lasagne füllen, die mit Fleischsaft, Butter und geriebenem Parmesan vermengt wurden. Darüber kommt eine Schicht Mozzarella, der in kleine Würfel geschnitten und mit 5 geschlagenen Eiern vermischt wurde. Den Rest der Lasagne darüberfüllen, mit Semmelbröseln bestreuen und einige Butterflocken darauf verteilen. Im Ofen überbacken, bis eine goldbraune Kruste entsteht.

Nudeln mit dicken Bohnen und Schinken

Pasta con le fave, al prosciutto

400 g kurze Nudeln,
40 g durchwachsener Speck,
40 g roher Schinken,
200 g dicke Bohnen,
40 g Olivenöl,
1 Zwiebel,
1 Stück Staudensellerie,
½ Glas Essig,
½ TL Zucker,
Salz

Den gewürfelten Speck mit Öl, der gehackten Zwiebel und dem Sellerie zusammen anrösten. Die vorgekochten dicken Bohnen und den in feine Streifen geschnittenen rohen Schinken hineingeben. Wenn sich die Bohnen leicht mit dem Kochlöffel zerdrücken lassen, auch den Essig und den Zucker hinzufügen, damit der Geschmack etwas süßsauer wird. Die Nudeln »al dente« kochen, mit der Sauce übergießen, einige Male umrühren und servieren.

Rigatoni mit Schinken und Oliven

Rigatoni col prosciutto e le olive

500 g Nudeln,
100 g roher Schinken,
100 g grüne, entkernte Oliven,
30 g Pinienkerne,
1 Glas Weißwein,
1 dl Sahne,
60 g Butter,
1 Zwiebel,
1 Möhre,
1 Stück Sellerie,
Parmesan,
Petersilie,
Salz

Die Zwiebel in der Butter anrösten, die Möhre und den Sellerie gehackt hinzugeben. Den feingeschnittenen Schinken, die gehackten Oliven und Pinienkerne beifügen, etwas schmoren lassen und mit dem Wein ablöschen. Wenn er etwas eingekocht ist, die Sahne dazugießen und warten, bis die Sauce sämig wird. Dann die gekochten Nudeln hineingeben und umrühren, zum Schluß geriebenen Parmesan und reichlich gehackte Petersilie darüberstreuen und servieren.

Makkaroni mit Salsiccia

Maccheroni con la salsiccia

500 g Makkaroni,
80 g Speck,
200 g Zwiebel,
60 g Kochwurst oder Mett,
500 g Tomaten,
100 g Frischkäse,
Salz

Statt der italienischen Salsiccia nimmt man am besten eine weiche Kochwurst oder Mett. Den Speck feinhacken und in einer Pfanne mit den ebenfalls feingehackten Zwiebeln bei kleinem Feuer rösten. Wenn die Zwiebeln zerfallen, die in Scheiben geschnittene Kochwurst dazugeben. Einige Minuten lang schmoren lassen, damit sich alles bindet; die Kochwurst darf jedoch nicht hart werden. Dann die pürierten Tomaten hinzufügen und aufkochen lassen. Die inzwischen gekochten Nudeln mit der Sauce vermengen und zuletzt den zerbröckelten Frischkäse darunterheben und servieren.

Nudeln mit Salsiccia

Rigatoni con la salsiccia

500 g Nudeln,
300 g frische Kochwurst,
⅛ trockener Weißwein,
1 EL Tomatenmark,
1 Zwiebel,
60 g Butter,
Parmesan,
Salz

Die Butter in einer Pfanne mit der kleingehackten Zwiebel zerlassen. Wenn die Zwiebel glasig wird, die enthäutete und kleingeschnittene Kochwurst dazugeben, die man statt der italienischen Salsiccia verwendet. Umrühren, mit dem Wein übergießen und bei sehr kleinem Feuer einkochen lassen. Dann das Tomatenmark dazugeben, das vorher in etwas warmem Wasser verrührt wurde, und alles gut durchschmoren lassen. Die Nudeln »al dente« kochen, mit der Sauce vermengen und den geriebenen Parmesan extra dazu reichen.

Bucatini mit Wurst

Bucatini col salame

500 g Nudeln,
150 g Wurst,
½ Glas Weißwein,
500 g Tomaten,
80 g Caciocavallo (halbharter Kuhkäse),
60 g Olivenöl,
1 Zwiebel,
Salz, Pfeffer

Das Öl in einer Pfanne zusammen mit der gehackten Zwiebel erhitzen. Die vorzugsweise weiche, etwas pikante, in Würfel geschnittene Wurst hineingeben. Umrühren, mit dem Wein ablöschen, mit Pfeffer abschmecken und die passierten Tomaten hinzutun. Schmoren lassen und wenn nötig mit etwas lauwarmem Wasser verlängern, damit die Sauce nicht zu dick wird. Die Nudeln inzwischen in reichlich Salzwasser »al dente« kochen und gut abgießen. Mit der Sauce vermengen und ganz zuletzt den in kleine Würfel geschnittenen Käse dazugeben. Alles noch einmal gut vermischen und servieren.

Nudeln mit Salami und Frischkäse

Bucatini col salame e la ricotta

500 g Nudeln,
80 g Speck,
100 g Salami,
200 g Tomaten,
200 g Frischkäse,
1 Zwiebel,
Basilikum,
Salz, Pfeffer

Den Speck hacken und mit der Zwiebel in eine Pfanne geben. Anrösten, die in Würfel geschnittene Salami-Wurst dazugeben und umrühren. Bevor die Wurst zu trocken wird, die geschälten, in Stücke geschnittenen oder passierten Tomaten hinzufügen, mit einigen Basilikumblättern schmoren lassen. Die Nudeln kochen und mit der Sauce vermengen. Zuletzt den zerbröckelten Frischkäse und eine gute Prise Pfeffer dazugeben und servieren.

Nudeln alla Matriciana

Bucatini alla matriciana

500 g Nudeln,
125 g Schweinebacke,
6 kleine Safttomaten,
1 Stück rote Pfefferschote,
1 EL Olivenöl,
½ Zwiebel,
Schafskäse,
Salz

Dies ist ein altes Hirtenrezept aus den Abruzzen. Für die Sauce braucht man Schweinebacke, die viel zarter und delikater als Bauchspeck ist; sie muß ¼ des Nudelgewichtes haben. Die Schweinebacke kleinwürfeln und in einer Eisenpfanne mit dem Olivenöl scharf anrösten. Dann die Würfel aus der Pfanne nehmen und gut abtropfen lassen, warm stellen. Die kleingehackte Zwiebel und die Pfefferschote zu dem Fett in die Pfanne geben. Die geschälten und in Scheiben geschnittenen Tomaten hinzufügen, wenn die Zwiebel gelb wird. Mit Salz abschmecken, umrühren, noch einige Minuten lang auf dem Feuer lassen. Dann die Speckwürfel wieder hineintun und umrühren. Die inzwischen in reichlich Salzwasser gekochten Nudeln in eine Schüssel füllen, das Ragout darübergeben, den geriebenen Schafskäse darüberstreuen und alles gut vermengen.

Nudeln all'Arrabbiata

Penne all'arrabbiata

500 g Nudeln,
800 g Tomaten,
125 g Schweinebacke oder durchwachsener Speck,
1 EL Schweineschmalz,
1 Stück Pfefferschote,
1 Zwiebel,
2 Knoblauchzehen,
Schafskäse,
Salz

Schweineschmalz in einer großen Pfanne erhitzen, die Zwiebel und die zerdrückten Knoblauchzehen hineingeben. Wenn sie gelb werden, die kleingewürfelte Schweinbacke oder den durchwachsenen Speck hinzufügen, etwas anrösten. Dann die passierten (oder geschälten, entkernten und in kleine Stücke geschnittenen) Toma-

ten in die Pfanne geben, salzen und mit der Pfefferschote zusammen einige Minuten lang bei guter Hitze schmoren lassen, bis die Sauce richtig eingedickt ist. Die Nudeln werden in reichlich Salzwasser »al dente« gekocht, mit der Sauce und dem geriebenen Schafskäse vermischt und in einer Schüssel serviert.
Anstatt der Pfefferschote kann man auch gemahlenen roten Pfeffer nehmen.

Nudeln alla Carbonara

Bucatini alla carbonara

500 g Nudeln,
125 g Schweinebacke oder durchwachsener Speck,
5 Eier,
2 EL Sahne,
50 g Butter,
1 EL Olivenöl,
100 g Schafskäse oder Parmesan,
Salz, Pfeffer

Bei diesem Rezept ist es sehr wichtig, daß die Sauce schnell zubereitet wird; Nudeln und Sauce müssen gleichzeitig fertig sein, damit nichts abkühlen kann. Speckwürfel in dem Öl in einer Kasserolle anrösten, inzwischen die Eier schlagen, die Sahne, 50 g geriebenen Käse und Salz dazutun; Pfeffer frisch darüber mahlen (damit er sein volles Aroma entfaltet). In einer großen Pfanne die Butter zerlassen; wenn sie zu bräunen beginnt, die geschlagenen Eier hineingeben. Sobald die Eier anfangen zu stocken, die gerösteten Speckwürfel hinzufügen. Die Nudeln sollten im gleichen Moment fertig sein; die Sauce über die Nudeln geben und gut mischen. Den restlichen geriebenen Käse getrennt dazu reichen.

Spaghetti nach Fuhrmannsart

Spaghetti alla carrettiera

500 g Spaghetti,
60 g Schweinebacke oder durchwachsener Speck,
80 g Thunfisch in Öl,
250 g Steinpilze,
3 EL Fleischsaft (Würfel),
2 Knoblauchzehen,
50 g Olivenöl,
Parmesan,
Salz, Pfeffer

Das Öl mit den zerdrückten Knoblauchzehen in einer Pfanne erhitzen. Wenn der Knoblauch gelblich wird, die kleingewürfelte Schweinebacke oder den Speck darin anrösten, die gesäuberten und kleingeschnittenen Steinpilze dazugeben, mit Salz und Pfeffer abschmecken und einige Minuten lang schmoren lassen. Den Thunfisch etwas zerdrücken und mitschmoren lassen, bis sich alles verbindet. Die Nudeln kochen und abgießen, in eine große Schüssel füllen, die Sauce darübergeben und mit dem heißen Fleischsaft übergießen. Alles gut vermischen und servieren, den geriebenen Parmesan getrennt dazu reichen.

Überbackene Lasagne alla Ferrarese

Lasagne al forno, alla ferrarese

440 g Mehl,
4 Eier,
300 g mageres Rindfleisch (Hackfleisch),
200 g roher Schinken,
180 g Butter,
120 g Parmesan,
½ l Milch,
½ Glas Weißwein,
1 Zwiebel,
1 Möhre,
1 Stück Sellerie,
1 EL Tomatenmark,
Fleischbrühe,
Salz, Pfeffer

Aus 400 g Mehl, 4 Eiern, einer Prise Salz (eventuell einigen Tropfen lauwarmen Wassers) einen Teig kneten, ausrollen auf ca. 3 mm Dicke; Lasagne je nach Größe der Auflaufform ausschneiden und auf einem Tuch trocknen lassen. 80 g Butter zerlassen, Zwiebel, Möhre und Sellerie feingehackt darin schmoren lassen, das Hackfleisch hinzutun und bräunen. Den Schinken kleingewürfelt dazugeben und alles zusammen schmoren lassen. Nach und nach einige Tropfen Wein darübergießen und das Tomatenmark dazugeben, das mit etwas Fleischbrühe glattgerührt wurde. Weiterschmoren lassen, ab und zu mit etwas Brühe verlängern, damit die Masse nicht zu trocken wird. Zuletzt mit Pfeffer und Salz abschmecken. Nun die Béchamelsauce herstellen: 50 g Butter erhitzen, 40 g Mehl darin gelb werden lassen, nach und nach einen halben Liter Milch dazugeben, mit Pfeffer und Salz abschmecken. Die Lasagne werden jetzt kurz gekocht, abgegossen und mit kaltem Wasser abgeschreckt. Eine Auflaufform einfetten und schichtweise Lasagne, Ragout, Lasagne, Béchamelsauce mit geriebenem Käse einfüllen. Obenauf geriebenen Parmesan und Butterflöckchen geben. Im Backofen überbacken.

Überbackene Lasagne mit gekochtem Schinken nach neapolitanischer Art

Pasticcio di lasagne col prosciutto cotto, alla napoletana

400 g Mehl,
6 Eier,
300 g gekochter Schinken,
200 g Mozzarella,
400 g Frischkäse,
3 EL Fleischsaft (Würfel),
30 g Butter,
Parmesan,
Salz, Pfeffer

Frischkäse mit je einer Prise Salz, Pfeffer, 2 Eßlöffeln geriebenem Parmesan und 2 Eiern glattrühren. Lasagne nach dem Grundrezept herstellen und kochen. In eine gebutterte Auflaufform abwechselnd je eine Schicht Lasagne und eine Schicht Frischkäse, gewürfelten gekochten Schinken und Fleischsaft füllen. Auf die letzte Schicht Lasagne den in Scheiben geschnittenen Mozzarella, den übrigen Parmesan und einige Butterflocken verteilen und das Ganze im Backofen überbacken, bis eine goldbraune Kruste entsteht.

Bunter Makkaroniauflauf mit Schinken

Maccheroni imbottiti al prosciutto

500 g Makkaroni,
200 g Hackfleisch,
80 g Semmelbrösel,
1 Ei,
150 g frische oder getrocknete Pilze,
100 g Schinken,
100 g Zwiebeln,
120 g frische Erbsen,
250 g Butter,
100 g Mehl,
20 g Tomatenmark,
1 l Milch,
1 Glas Weißwein,
trockenes Weißbrot,
150 g Parmesan,
Olivenöl,
Fleischbrühe,
Petersilie,
Muskatnuß,
Salz, Pfeffer

Für diesen delikaten Auflauf braucht man etwas Vorbereitungszeit. Zuerst werden die Pilze zubereitet: Waschen und in kleine Stücke schneiden (getrocknete Pilze vorher in warmem Wasser quellen lassen), mit 2 Eßlöffeln Öl in einer Pfanne einen Augenblick lang schmoren lassen. Nun in 50 g Butter die gehackten Zwiebeln anrösten, den gewürfelten Schinken dazugeben. Wiederholt mit Wein ablöschen. Wenn er eingekocht ist, das mit warmem Wasser verrührte Tomatenmark und die Erbsen hinzufügen, gut umrühren, mit Pfeffer und Salz würzen. Nun die geschmorten Pilze beifügen, nochmals 50 g Butter in die Pfanne geben und 1 Eßlöffel Mehl darüberstäuben, damit sich die Sauce bindet; mit etwas Fleischbrühe ablöschen. Fleischklöße herstellen aus dem Hackfleisch, dem Ei, dem eingeweichten Brot (gut ausgedrückt), 1 Eßlöffel geriebenem Parmesan, gehackter Petersilie, Salz und Pfeffer. In die Sauce geben und etwas ziehen lassen. Inzwischen eine größere Menge Béchamelsauce zubereiten: 100 g Butter in einer Pfanne zerlassen, 80 g Mehl dazutun, gut umrühren und nach und nach die Milch hinzufügen. Mit Salz, Pfeffer und Muskatnuß würzen. Die Makkaroni in reichlich Salzwasser »al dente« kochen, abgießen, mit ⅔ der Béchamelsauce vermengen und geriebenen Parmesan dazugeben. Eine Hälfte der Nudeln in eine gebutterte Auflaufform füllen und mit der Sauce und den Fleischklößen bedecken; die übrigen Makkaroni darüberfüllen und mit dem Rest der Béchamelsauce übergießen;

Semmelbrösel darüberstreuen und Butterflöckchen darauf verteilen. Eine halbe Stunde lang bei nicht zu großer Hitze im Backofen überbacken.

Tortellini in Sahne

Tortellini alla panna

500 g Mehl,
7 Eier,
250 g Schweinefilet,
200 g Putenbrust,
80 g roher Schinken,
80 g Mortadella,
50 g Rindermark,
120 g Butter,
180 g Parmesan,
1 dl Sahne,
Salz,
Muskatnuß,
weißer Pfeffer

Die Tortellini werden genau nach dem Grundrezept hergestellt. Folgende Füllung zubereiten: 30 g Butter in einer Pfanne erhitzen; das Schweinefilet und die Putenbrust kurz anbraten. Lauwarmes Wasser dazugeben, damit das Fleisch nicht zu braun wird, anschließend das Fleisch fein hacken oder durchdrehen, ebenso den Schinken und die Mortadella. Mit 2 ganzen Eiern und dem Rindermark gut durchmengen; wenn die Masse zu trocken ist, ein nußgroßes Stück Butter hinzugeben. Nun mit Salz, Muskatnuß und frisch gemahlenem Pfeffer abschmecken. Die Teigtaschen damit füllen. Die Tortellini dann in reichlich Salzwasser kochen, abgießen und zusammen mit etwas Butter und einem Schuß Sahne in die Pfanne geben; umrühren und mit je einer Prise Pfeffer und Muskatnuß würzen. Geriebenen Parmesan darüberstreuen. Nach und nach die restliche Butter und die Sahne nachfüllen, bis sich auf den Tortellini eine glänzende, glatte Schicht bildet, die sehr appetitlich aussieht. Nun kann das äußerst schmackhafte Gericht serviert werden, etwas geriebener Parmesan wird noch dazu gereicht.

Gefülltes Nudelomelett

Frittata di pasta imbottita

450 g Nudeln (Spaghetti oder Gabelspaghetti),
120 g Butter,
100 g Parmesan,
3 Eier,
100 g geschälte Tomaten (Konserve),
80 g Mozzarella,
80 g Salami,
40 g Olivenöl,
½ Zwiebel,
Petersilie,
Salz, Pfeffer

Das Öl in einer Pfanne mit der kleingeschnittenen Zwiebel erhitzen, die geschälten, in Stücke geschnittenen Tomaten dazugeben, mit Salz und Pfeffer abschmecken. So lange schmoren lassen, bis eine dickliche Sauce entsteht. Die Nudeln »al dente« kochen und in Butter und geriebenem Parmesan schwenken, etwas gehackte Petersilie darüberstreuen. Abkühlen lassen und die geschlagenen Eier darunterrühren, salzen und mit der Tomatensauce vermengen. Ein Stückchen Butter in die Pfanne geben, bei sehr kleiner Flamme schmelzen lassen und die Hälfte der Nudeln hineingeben, am Pfannenrand etwas hochziehen und den geschnittenen Mozzarella und die gewürfelte Salami darauf verteilen. Den Rest der Nudeln darüberfüllen und die Hitze ein wenig heraufschalten, so daß die Nudelmasse unten bräunt und fest wird; dann das Omelett vorsichtig umdrehen und die andere Seite bräunen lassen.

Grüne Lasagne mit Ragout nach Bologneser Art

Lasagne verdi col ragù alla bolognese

400 g Mehl,
400 g Spinat,
4 Eier,
120 g Schweinefilet,
120 g Kalbsnuß,
80 g roher Schinken,
60 g Hühnerleber,
100 g Butter,
Fleischbrühe,
1 Glas Weißwein,
500 g Tomaten,
1 Zwiebel,
1 Möhre,
1 Stück Sellerie,
Parmesan,
1 Lorbeerblatt,
Petersilie,
Salz, Pfeffer

Den Spinat kochen, gut ausdrücken, durch ein Sieb passieren und mit etwas Salz würzen. Die grünen Lasagne wie folgt herstellen: Das Mehl mit den Eiern und dem Spinat verkneten, den Teig ausrollen, in 1½ cm breite Streifen schneiden und auf einem Tuch etwas trocknen lassen.
80 g Butter in einer Pfanne erhitzen, die Zwiebel, die Möhre, den Sellerie und die Petersilie feingehackt hineingeben. Wenn alles etwas angebräunt ist, das gehackte Filet und die gehackte Kalbsnuß in die Pfanne geben und schmoren lassen, bis das Fleisch Farbe annimmt. Dann den gewürfelten Schinken dazutun, umrühren und mit dem Wein ablöschen. Wenn er eingegkocht ist, die passierten Tomaten in die Pfanne geben und so lange schmoren, bis sich alles bindet. Mit Pfeffer und Salz abschmecken und mit einigen Löffeln Fleischbrühe verlängern. Jetzt die kleingeschnittene Leber hinzufügen, die vorher in einer anderen Pfanne in etwas Butter gebräunt wurde. Alles gar schmoren, wenn nötig ab und zu etwas Brühe nachfüllen. Die Lasagne in reichlich Salzwasser kochen, abgießen und mit dem Ragout vermischen. Den geriebenen Parmesan getrennt dazu reichen.

Variante: Man kann dasselbe Gericht auch überbacken servieren. Eine Auflaufform einfetten, abwechselnd eine Schicht Lasagne und eine Schicht Ragout einfüllen. Über die letzte Schicht Lasagne einige Butterflöckchen verteilen und im Backofen überbacken.

Minestrone nach neapolitanischer Art

Minestrone napoletano

250 g Nudeln,
150 g frische weiße Bohnen,
80 g durchwachsener Speck,
80 g fetter Speck,
500 g Gemüse, bestehend aus:
Zucchini, Sellerie, Zwiebeln,
Möhren, Lauch,
60 g Butter,
1 Knoblauchzehe,
Parmesan,
Basilikum,
Salz, Pfeffer

Das Gemüse reinigen, kleinschneiden, mit der Butter im Topf leicht anschmoren; 2 l Wasser darübergießen, salzen und zum Kochen bringen, dann die Bohnenkerne dazutun.
Den Speck kleinhacken, mit dem Knoblauch zusammen anrösten und in die Suppe geben. Wenn das Gemüse und die Bohnen fast gar sind, die Nudeln hineingeben und ca. 10 Minuten lang mitkochen lassen. Vor dem Servieren das gehackte Basilikum darüberstreuen und geriebenen Parmesan extra dazu reichen.

Überbackene Ravioli in Tomatensauce

Ravioli al forno con salsa di pomodoro

500 g fertige Ravioli
(vakuumverpackt oder aus der Dose),
500 g Tomaten,
1 Glas Weißwein,
200 g Mozzarella,
Semmelbrösel,
3 EL Olivenöl,
50 g Butter,
1 Knoblauchzehe,
Origano,
Salz, Pfeffer

Öl in einer Pfanne erhitzen, die zerdrückte Knoblauchzehe etwas anrösten, die geschälten und kleingeschnittenen Tomaten hineingeben. Mit Salz, Pfeffer und Origano würzen, den Wein darübergießen und alles circa ¼ Stunde lang durchschmoren lassen. Die Ravioli kochen und mit der Sauce vermengen; nun eine Hälfte davon in eine gebutterte Auflaufform füllen, eine Schicht Mozzarella darauflegen und den Rest der Ravioli darübergeben. Zum Schluß eine zweite Schicht Mozzarella darüberlegen, mit Semmelbrösel bestreuen und einige Butterflöckchen darauf verteilen. Im Ofen ca. 20 Minuten lang überbacken.

Überbackene Tortellini

Tortellini gratinati

500 g Mehl,
7 Eier,
250 g Schweinefilet,
200 g Putenbrust,
80 g roher Schinken,
80 g Mortadella,
50 g Rindermark,
120 g Butter,
200 g Parmesan,
1 dl Sahne,
60 g Butter,
50 g Mehl,
½ l Milch,
Salz,
Muskatnuß,
weißer Pfeffer

Die Tortellini nach dem Grundrezept und die Füllung genau wie im Rezept Seite 109 herstellen. Außerdem eine Béchamelsauce aus 60 g Butter, 50 g Mehl, ½ l Milch zubereiten: Die Butter erhitzen, das Mehl goldgelb werden lassen, nach und nach mit der Milch ablöschen und ständig rühren, bis eine sämige Sauce entsteht; mit Salz und Pfeffer abschmecken. In eine gefettete Auflaufform die Tortellini schichtweise füllen, über jede Schicht die Sahnesauce gießen und geriebenen Parmesan streuen. Auf die letzte Schicht die noch warme Béchamelsauce gießen und einige Butterflöckchen darüber verteilen. Im Backofen überbacken, bis die Oberfläche goldgelb ist.

Tagliatelle mit Kakao

Tagliatelle al cacao

500 g Mehl,
10 Eier,
100 g bitterer Kakao,
200 g Wiener Würstchen,
100 g durchwachsener Speck,
100 g Butter,
2 TL Worcestersauce,
2 Laibe Mozzarellakäse,
100 g Sahne,
1 TL Paprika edelsüß,
50 g Parmesan,
Salz

Wesentlich bei diesem Gericht ist, daß wirklich bitterer Kakao dafür verwendet wird, zum Beispiel holländischer. Den Nudelteig nach dem Grundrezept herstellen und den Kakao zu dem Mehl geben. Alle Zutaten gut verkneten, bis man einen glatten, elastischen Teig erhält. Nicht zu dünn ausrollen und die Tagliatelle daraus schneiden. Auf einem bemehlten Tuch trocknen lassen. Inzwischen die Sauce zubereiten: Die Butter in einer großen Pfanne schmelzen lassen, den kleingewürfelten Speck und die in Scheiben geschnittenen, enthäuteten Würstchen dazugeben. Etwas umrühren, dann Paprikapulver und die Worcestersauce hinzufügen, nochmals umrühren und die Sahne hineingießen. Inzwischen die Tagliatelle kochen, mit der Sauce vermischen, den gewürfelten Mozzarella und den geriebenen Parmesan darüberstreuen und servieren.

Teigtaschen Bergamasco

Casônsei bergamaschi

400 g Mehl,
6 Eier,
200 g frische Kochwurst oder Schweinemett,
180 g Butter,
60 g Semmelbrösel,
2 Knoblauchzehen,
glatte Petersilie,
Parmesan,
Muskatnuß,
Pfeffer, Salz,
Salbei

80 g Butter in einer Pfanne zusammen mit dem Knoblauch und einigen Blättern glatter Petersilie erhitzen. Die Kochwurstmasse oder

das Mett hinzugeben, etwas anrösten. Dann aus der Pfanne nehmen, in eine Schüssel füllen und mit 2 Eßlöffel Paniermehl, 1 Eßlöffel geriebenem Parmesan, je einer Prise Muskatnuß, Pfeffer, Salz und 2 Eiern gut durchkneten.
Der Teig wird hergestellt aus dem Mehl, 4 Eiern, 1 Prise Salz und einem Tropfen lauwarmen Wassers. Dünn ausrollen und in große Rechtecke schneiden, circa 8 × 12 cm. Die Füllung darauf verteilen, den Teig zusammenklappen und die Ränder fest andrücken, damit die Füllung nicht austritt. Dann in reichlich Salzwasser kochen, gut abgießen. Die Butter zusammen mit den Salbeiblättern erhitzen, über die Teigtaschen gießen und mit geriebenem Parmesan bestreuen.

Rezepte mit dunklem Fleisch

Nudeln mit Linsen
Pasta e lenticchie

400 g Nudeln,
300 g Linsen,
Fleischbrühe,
2 Knoblauchzehen,
1 Stück Sellerie,
Olivenöl,
Salz, Pfeffer

Die Linsen über Nacht einweichen. Dann in reichlich Salzwasser fast weich kochen, das Wasser abgießen, durch Fleischbrühe ersetzen, Knoblauch und Sellerie gehackt dazugeben und nochmals 20 Minuten kochen; dabei achtgeben, daß nichts ansetzt. Zum Schluß die Nudeln hineingeben und sie »al dente« kochen. Alles in eine Schüssel füllen und dann erst Öl, Salz und Pfeffer dazugeben.

Makkaronipastete mit grüner Sauce
Pasticcio di maccheroni con salsa verde

500 g Makkaroni,
1 kg Spinat,
½ l Fleischbrühe,
100 g Butter,
100 g Parmesan,
Semmelbrösel,
Salz, Pfeffer

Den Spinat waschen, auspressen und hacken. Mit etwas Butter im Topf anschmoren, die Fleischbrühe dazugießen und etwas einkochen lassen. Mit Salz und Pfeffer abschmecken, den Parmesan dazugeben und umrühren, so daß eine sämige Sauce entsteht. Die Makkaroni in reichlich Salzwasser »al dente« kochen, abgießen und in der restlichen Butter schwenken. Schichtweise Makkaroni und Spinat in eine gefettete Auflaufform füllen, auf die letzte Makkaronischicht die Semmelbrösel streuen und einige Butterflöckchen verteilen. In den Ofen stellen und 20 Minuten lang überbacken.

Spaghetti nach Art der verzweifelten Köchin

Spaghetti alla disperata

500 g Spaghetti,
250 g frische Pilze oder die entsprechende Menge getrockneter Pilze, in warmem Wasser eingeweicht,
500 g Tomaten, geschält (Dose),
2 Sardellenfilets,
1 Glas Bratensaft (Würfel),
50 g Olivenöl,
2 Knoblauchzehen,
Origano,
Petersilie,
Salz, Pfeffer

Das Öl in der Pfanne erhitzen und einen Augenblick lang die Knoblauchzehen darin ziehen lassen, dann herausnehmen. Die gewässerten, sehr fein gehackten Sardellenfilets in das Öl geben und auflösen lassen, die geschälten Tomaten dazutun (die Flüssigkeit aus der Dose wegschütten). Jetzt die kleingehackten Pilze hinzugeben, Salz, Pfeffer und etwas Origano darüberstreuen. Zur vollständigen Abrundung wird zuletzt ein Glas Bratensaft dazugegeben (oder einige Tropfen Worcestersauce, das Resultat ist aber nicht ganz so gut). Die Sauce noch einige Zeit schmoren lassen, bis sie dicklich wird, und über die gekochten Spaghetti gießen.
Die Küchenchefs Carlo Piccarolo und Ettore Quattrocchi aus Mailand sind die Erfinder dieses Rezepts, das sehr beliebt geworden ist.

Spaghetti nach Pizzaiola-Art

Spaghetti alla pizzaiola

500 g Spaghetti,
400 g Rindfleisch (aus der Hochrippe),
500 g Tomaten,
30 g Kapern,
2 Knoblauchzehen,
60 g Olivenöl,
Parmesan,
Salz, Pfeffer,
Petersilie

In Neapel nennt man ein Fleischgericht »alla pizzaiola«, bei dem Fleischscheiben (meistens aus der Hochrippe) in einer Sauce geschmort werden, die an den Geschmack der Pizza erinnert. Diese Sauce paßt gut zu Spaghetti: In einer Pfanne das Öl erhitzen, dann einige Löffel Wasser dazugeben, damit es nicht verbrennt. Das Fleisch in ganz feine Scheiben schneiden und in das Öl geben. Die geschälten, entkernten und in Stücke geschnittenen Tomaten hinzufügen und durchschmoren lassen. Dann die zerdrückten Knoblauchzehen, die gewässerten Kapern, die ganzen Petersilienblätter (nicht gehackt) hineingeben und mit Salz abschmecken. Circa 30 Minuten lang schmoren lassen, dann ist die Sauce fertig. Die Spaghetti in reichlich Salzwasser »al dente« kochen und alles miteinander vermischen. Geriebenen Parmesan extra dazu servieren.

Rigatoni nach Art der Landfrauen

Rigatoni alla contadina

500 g Nudeln,
120 g Butter,
40 g getrocknete Pilze,
200 g Tomaten,
¼ l Fleischbrühe,
40 g Olivenöl,
1 Zwiebel,
80 g Parmesan,
Petersilie,
Salz, Pfeffer

In einer Pfanne 40 g Butter und Olivenöl erhitzen, die feingeschnittene Zwiebel darin goldgelb werden lassen und die vorher in warmem Wasser eingeweichten Pilze kleingeschnitten hineintun. Zehn Minuten schmoren lassen, mit Salz und Pfeffer abschmecken und gehackte Petersilie darüberstreuen. Dann die pürierten Toma-

ten dazugeben. Noch einige Minuten lang schmoren lassen; die Sauce mit etwas Fleischbrühe verlängern und weiterkochen lassen, bis die Pilze gar sind.
Die Nudeln in reichlich Salzwasser »al dente« kochen, in der restlichen Butter schwenken und mit der Sauce und dem geriebenen Parmesan vermischen.

Makkaroni mit Fleischsauce

Maccheroni al sugo

500 g Makkaroni,
600 g Rindfleisch,
100 g Olivenöl,
400 g Zwiebeln,
1 Sellerieknolle,
1 Möhre,
Parmesan,
Salz, Pfeffer

Die Fleischsauce zu den Makkaroni kann man auf vielfältige Art herstellen. Bei diesem Rezept wird die Sauce mit Fleischsaft zubereitet, den man beim Kochen gewinnt. Das Öl wird in einem Schmortopf erhitzt. Zuerst die Zwiebeln, danach den feingehackten Sellerie und die Möhre dazugeben. Bei kleinem Feuer so lange schmoren, bis die Zwiebeln auseinanderfallen (sie dürfen aber keine Farbe annehmen), sodann das Fleisch hineinlegen, und zwar im ganzen. Gut eignet sich hierfür ein Hüftstück oder ein anderes Stück aus dem Hinterteil des Rindes. Wenn das Fleisch angebräunt ist, mit Salz und Pfeffer abschmecken, gut mit warmem Wasser bedecken. Einige Stunden lang auf ganz kleiner Flamme kochen lassen, im offenen Topf, bis die Flüssigkeit soweit eingekocht ist, daß eine sämige Sauce entsteht und der ganze Saft aus dem Fleisch gezogen ist. Die Kunst der Hausfrau besteht hier darin, den Kochvorgang über 5–6 Stunden hinzuziehen, denn je stärker das Fleisch auslaugt, desto mehr gewinnt die Sauce an Geschmack.
Die gekochten Makkaroni werden dann mit der Sauce übergossen und serviert, der geriebene Parmesan wird extra dazu gereicht.

Variante: Wenn das Fleisch angebräunt ist, mit einem Glas Rotwein ablöschen, einschmoren lassen und dann erst mit Wasser bedecken.

Cannelloni auf sizilianische Art (Resteverwertung)

Cannelloni alla siciliana

440 g Mehl,
6 Eier,
300 g Schmorbraten mit Sauce,
120 g halbharter Käse,
30 g Butter,
Salz

Dies ist ein vorzügliches Gericht für Resteverwertung: Den Teig für die Cannelloni nach dem Grundrezept herstellen, ausrollen und in rechteckige Stücke schneiden, circa 6 × 8 cm. Die Teigstücke in reichlich Salzwasser vorsichtig kochen; sie dürfen weder zu weich werden noch zusammenkleben. Abgießen und auf ein Tuch legen, mit etwas kaltem Wasser bestreichen.

Die Füllung zubereiten: Das Fleisch durch den Wolf drehen und mit der Bratensauce vermischen, so daß eine ziemlich feste Masse entsteht. Auf jedes Teigstück einen Teelöffel dieser Fleischmasse füllen, etwas geriebenen Käse darüberstreuen und einrollen. Nebeneinander in eine gefettete Auflaufform legen, zwischen jede Rolle etwas Bratensauce und geriebenen Käse füllen. Etwa 15 Minuten lang überbacken, dann 2 geschlagene Eier darübergießen und nochmals so lange überbacken, bis die Eier gestockt sind.

Nudeln mit Ragout nach Bologneser Art, Rezept I

Pasta col ragù alla bolognese

500 g Nudeln,
300 g mageres Rindfleisch,
80 g Butter,
Fleischbrühe,
½ Zwiebel,
1 Stück Sellerie,
1 Möhre,
1 Nelke,
Parmesan,
Petersilie,
Thymian,
Lorbeer,
Salz, Pfeffer

Das Ragout »alla Bolognese« ist eines der klassischen Rezepte der italienischen Küche. Das Entscheidende dabei ist, daß das Rindfleisch nicht durch langes Kochen ausgelaugt wird, sondern selbst einen wesentlichen Bestandteil der Sauce bildet; es wird gehackt oder in Würfel geschnitten und zusammen mit den anderen Zuta-

ten geschmort. Nun gibt es viele Varianten dieser Sauce; wir beginnen mit der einfachsten. Ihr wichtigster Bestandteil ist mageres Rindfleisch.
Die Butter in einem Schmortopf erhitzen, Zwiebel, Möhre und Sellerie kleinhacken und in die Butter geben. Einen Augenblick lang durchschmoren lassen, dann das grobgehackte oder in kleine Würfel geschnittene Rindfleisch hinzufügen. Achtgeben, daß das Fleisch nicht den Saft verliert! Umrühren, einige Eßlöffel Fleischbrühe beifügen, damit die Sauce flüssig bleibt, und würzen mit Petersilie, Thymian, Lorbeer, einer Nelke, Salz und Pfeffer.
Das Ganze noch einmal aufkochen lassen und schließlich zugedeckt eine Stunde lang bei kleiner Flamme gar schmoren. Dieses Ragout ist als Sauce für jede »al dente« gekochte Nudelart geeignet. Geriebener Parmesan wird extra dazu gereicht.

Nudeln mit Ragout nach Bologneser Art, Rezept II

Pasta col ragù alla bolognese

500 g Nudeln,
300 g mageres Rindfleisch (Hackfleisch),
100 g Butter,
300 g Tomaten,
1 Glas Rotwein,
Fleischbrühe,
½ Zwiebel,
Parmesan,
Lorbeer,
Muskatnuß,
Salz, Pfeffer

Die Butter im Schmortopf zerlassen, die Zwiebel hineingeben, Sellerie und Möhre kleingehackt hinzufügen. Wenn alles etwas Farbe annimmt, das grob gehackte Fleisch dazugeben und umrühren. Mit Salz, Pfeffer und den Gewürzen abschmecken. Wenn das Fleisch braun wird, mit dem Wein ablöschen; warten, bis er etwas eingeschmort ist und die passierten oder gehäuteten und kleingeschnittenen Tomaten dazugeben. Aufkochen lassen, dann bei kleinem Feuer leise ca. eine Stunde lang kochen lassen. Zudecken und ab und zu prüfen, ob noch genug Flüssigkeit darauf ist, sonst mit etwas Fleischbrühe auffüllen. Die Nudeln in reichlich Salzwasser kochen, nicht zu weich; mit dem Ragout vermengen.
Geriebenen Parmesan getrennt dazu reichen.

Nudeln mit Ragout nach Bologneser Art, Rezept III

Pasta col ragù alla bolognese

500 g Nudeln,
300 g mageres Rindfleisch (Hackfleisch),
120 g Butter,
500 g Tomaten,
1 dl Sahne,
1 Zwiebel,
Parmesan,
Salz, Pfeffer,
Muskatnuß

80 g Butter im Schmortopf erhitzen, die gehackte Zwiebel dazugeben. Wenn sie glasig wird, das Hackfleisch hineintun und unter Umrühren von allen Seiten anbräunen lassen. So lange schmoren lassen, bis die Zwiebel zerfällt und die Flüssigkeit verkocht ist. Dann erst die passierten oder geschälten und kleingeschnittenen, von den Kernen befreiten Tomaten in den Topf geben. Noch einen Eßlöffel Butter hinzufügen und mit Salz, Pfeffer und einer Prise Muskat abschmecken. Die Sauce bei kleinem Feuer einkochen lassen; wenn sie zu dick wird, mit der Sahne verlängern, bis man ein sämiges Ragout erhält. Es eignet sich für alle Nudelarten, die in reichlich Salzwasser »al dente« gekocht wurden. Geriebenen Parmesan extra dazu reichen.

Makkaroni mit weißem Ragout

Maccheroni col ragù bianco

500 g Makkaroni,
4 große Zwiebeln,
4 Fenchelknollen,
30 g Schweineschmalz,
500 g mageres Rindfleisch,
60 g Olivenöl,
Parmesan,
Rosmarin,
Salz, Pfeffer

Öl und Schmalz in einer Pfanne erhitzen, die Zwiebel und den Fenchel kleingehackt hineingeben, etwas anschmoren. Dann das Fleisch dazugeben und von allen Seiten anbräunen lassen, mit Salz und Pfeffer würzen und noch etwas Rosmarin hinzufügen. Auf kleiner Flamme schmoren lassen, bis das Fleisch gar und das Gemüse zerfallen ist. Das Fleisch herausnehmen und für den zweiten Gang

beiseite stellen, die Sauce zu den inzwischen gekochten Makkaroni geben. Den geriebenen Parmesan extra dazu reichen.
Dieses sehr alte Rezept stammt aus der Zeit, als die Tomate in Europa noch nicht bekannt war.

Makkaroni mit Auberginenragout

Maccheroni col ragù alle melanzane

500 g Makkaroni,
500 g mageres Rindfleisch,
160 g Olivenöl,
300 g Zwiebeln,
300 g Tomaten,
300 g Auberginen,
Fleischbrühe,
1 Stück Sellerie,
1 Möhre,
Parmesan,
Petersilie,
Salz, Pfeffer,
Zimt

Zuerst die Auberginen mit der Schale in kleine Würfel schneiden, mit Salz bestreuen und einige Stunden ziehen lassen. Dann waschen, abtrocknen und in reichlich Öl mit etwas gehackter Petersilie schmoren. Das Ragout wird in einer anderen Pfanne zubereitet: Öl erhitzen, die feingeschnittenen Zwiebeln mit dem gehackten Sellerie und der Möhre hineingeben, durchschmoren lassen, dann das grobgehackte Fleisch hinzufügen. Wenn das Fleisch braun wird, die geschälten und von den Kernen befreiten Tomatenstücke und gleich darauf die geschmorten Auberginen in die Pfanne tun. Mit Salz und Pfeffer würzen und das Ganze bei kleinem Feuer langsam schmoren lassen, bis sich alles miteinander verbunden hat. Wenn die Sauce zu dick wird, ab und zu mit etwas Fleischbrühe verdünnen. Nach alter Tradition kann man sie zum Schluß noch mit einer Prise Zimt und einer Prise Zucker verfeinern. Dieses Ragout sieht sehr appetitlich aus und schmeckt köstlich. Es wird nun mit der inzwischen »al dente« gekochten Pasta vermengt und serviert. Den geriebenen Parmesan extra dazu reichen.
Dies ist ein altes sizilianisches Rezept, das einige Vorbereitungszeit und Mühe kostet, obwohl es hier schon für den heutigen Bedarf ein wenig vereinfacht wurde.

Pasta mit einfachem Ragout nach neapolitanischer Art

Pasta col ragù semplice, alla napoletana

500 g Nudeln,
50 g Speck oder Schinkenspeck,
300 g mageres Rindfleisch,
1 Glas Rotwein,
500 g Tomaten,
50 g Olivenöl,
½ Zwiebel,
1 Stück Sellerie,
1 Möhre,
1 Knoblauchzehe,
Majoran,
Salz, Pfeffer,
Muskatnuß

Öl mit dem sehr feingeschnittenen Speck erhitzen. Zwiebel, Sellerie und Möhre kleinhacken, die Knoblauchzehe zerdrücken und zu dem Speck geben, wenn er glasig wird. Umrühren, dann das grobgehackte Fleisch dazugeben, mit je einer Prise Majoran, Muskatnuß, Salz und Pfeffer würzen. Unter Rühren einige Minuten schmoren lassen, den Wein darübergießen und etwas einkochen lassen. Nun die passierten oder geschälten und kleingeschnittenen Tomaten in den Topf geben, alles aufkochen lassen und bei kleinem Feuer weiterkochen. Wenn nötig, einige Löffel lauwarmes Wasser beifügen, damit die Sauce nicht zu dick wird. Man kann über das Ragout, bevor die Tomaten hineingegeben werden, etwas Mehl stäuben, damit es sich besser bindet, muß dann aber sehr oft umrühren, damit nichts ansetzt.

Nudelauflauf mit Pilzen und Hühnerleber in Madeira

Tagliatelle con funghi e fegatini di pollo al Madera

400 g Nudeln,
220 g Butter,
500 g mageres Rindfleisch,
150 g Hühnerleber,
100 g frische Pilze oder die entsprechende Menge getrockneter Pilze, in warmem Wasser aufgeweicht,
300 g Zwiebeln,
1 Glas Madeira,
80 g Parmesan,
1 Möhre,
1 Stück Sellerie,
Semmelbrösel,
Muskatnuß,
Salz, Pfeffer

Pilze und Hühnerleber säubern und kleinschneiden. In einer Pfanne einen Eßlöffel Butter erhitzen, die Pilze hineingeben und bei kleinem Feuer schmoren lassen; nach einigen Minuten die Hühnerleber dazugeben. Wenn sie zu bräunen beginnt, mit einem Schuß Madeira ablöschen, noch einen Moment schmoren lassen und beiseitestellen. Inzwischen in einer anderen Pfanne 80 g Butter auflösen, die feingeschnittenen Zwiebeln mit der gehackten Möhre und dem gehackten Sellerie hineingeben. Sobald die Zwiebeln etwas Farbe annehmen, das Fleisch hineintun, von allen Seiten anbräunen lassen und mit Madeira ablöschen; mit Salz und Pfeffer abschmecken. Wenn der Wein etwas eingekocht ist, eine Prise Muskatnuß dazugeben und einige Stunden auf kleiner Flamme köcheln lassen. Wenn nötig, ab und zu etwas Wasser dazugießen. Sobald die Sauce sämig ist, das Fleisch herausnehmen, die Sauce mit den inzwischen gekochten und in Butter geschwenkten Nudeln vermischen und den geriebenen Parmesan darunterheben. Nun eine Auflaufform buttern und mit Semmelbröseln ausstreuen. Die Hälfte der Nudeln einfüllen, etwas Semmelbrösel darüberstreuen und die Hühnerleber und die Pilze darauf schichten. Dann den Rest der Nudeln darübergeben und zuoberst wieder Semmelbrösel streuen und einige Butterflöckchen verteilen. In den Backofen stellen und überbacken, bis der Auflauf goldgelb wird. Das Fleisch anderweitig verwerten.

Das Rezept zum nebenstehenden Bild

Gefüllte Teigblätter, italienisch

Für den Teig:
350 g Mehl
1 kleines Päckchen TK-Spinat (150 g)
1 Ei
¼ TL Salz

Für die Fülle:
je 100 g Kalbsbries und Kalbfleisch
125 g gekochter Schinken
1 El Butter
1 kleine, gehackte Zwiebel
¼ TL Salz
etwas gemahlener Pfeffer
⅛ l Weißwein
100 g geriebener Parmesan
1 Ei
1 Päckchen Weiße Sauce (Instant)
1 El Butter

Mehl auf ein Backbrett sieben, rund auslegen. In die Mitte den aufgetauten und entwässerten Spinat, das Ei und Salz geben. Sehr gut durchkneten, bis ein homogener, ziehender Teig entsteht. Den Teig 1 mm dick ausrollen und mit einem ovalen Förmchen von 5 cm Durchmesser Teigblättchen ausstechen. Für die Fülle: Kalbsbries und Kalbfleisch sehr fein würfeln. Butter in einer Pfanne erhitzen, das gewürfelte Fleisch mit der gehackten Zwiebel dazugeben und anschmoren lassen. Mit Salz und Pfeffer würzen und mit Weißwein angießen. Auf kleinster Flamme alles zusammen ca. 1 Stunde leicht kochen lassen. Dann abkühlen lassen. Den gekochten Schinken ebenfalls sehr fein würfeln und die Hälfte davon zur Farce geben. Ebenso 50 g Parmesan und das Ei. Alles gut verrühren und kühlstellen. Die Teigblättchen nun damit füllen, die Ränder gut andrücken und im kochenden Wasser garkochen. Die Weiße Sauce nach Vorschrift zubereiten, die Butter einrühren sowie den restlichen gekochten Schinken und Parmesan-Käse. Die Sauce heiß über die gefüllten Teigblätter geben. Dazu paßt ein fruchtiger Weißwein.

Das Rezept zum nebenstehenden Bild

Nudelauflauf »Capri«

250 g grüne Nudeln
50 g durchwachsener Speck
250 g Hackfleisch halb und halb
1 Zwiebel
2 EL gehackte Petersilie
½ TL Rosmarin
¼ l Milch
2 Eier
2 gestr. TL Salz
geriebene Muskatnuß
2 EL gehackter Schnittlauch
5 Tomaten
1 TL Origano
Pfeffer
100 g geriebener Käse
30 g Butter

Nudeln in 1 l Salzwasser gar kochen. Dann in einem Sieb mit kaltem Wasser abspülen. Speck in Würfel schneiden und in einer Pfanne hellbraun auslassen. Hackfleisch hinzugeben und mitbräunen. Zwiebeln würfeln und mit Petersilie und Rosmarin zu der Hackfleischmasse geben. Alles gut miteinander vermischen. Milch, Eier, Salz, Muskat und Schnittlauch verquirlen. Tomaten häuten, in Scheiben schneiden und mit Origano und Pfeffer bestreuen. Eine feuerfeste Form gut einfetten und die Hälfte der Nudeln hineingeben. Hackfleischmasse und Tomatenscheiben darüber verteilen. Mit den restlichen Nudeln bedecken und mit der Milch-Eiermasse übergießen. Den geriebenen Käse darüberstreuen. Die Butter in Flöckchen darauf verteilen. Im Backofen bei 175–200 Grad ca. 45 Minuten überbacken.

Nudeln mit Ragout und Erbsen

Pasta col ragù e piselli

500 g Nudeln,
300 g mageres Rindfleisch (Hackfleisch),
200 g frische Erbsen (oder Konserve),
300 g Zwiebeln,
Fleischbrühe,
80 g Olivenöl,
1 Stück Sellerie,
1 Möhre,
Parmesan,
Pfeffer, Salz

Öl in einer Pfanne erhitzen; Zwiebeln, Möhre und Sellerie kleingeschnitten hineintun. Einige Minuten dünsten lassen, dann das Hackfleisch dazugeben, mit Salz und Pfeffer würzen und mit der Fleischbrühe auffüllen. Einige Minuten lang schmoren lassen, dann die Erbsen dazugeben. Auf kleinem Feuer weiterschmoren, bis die Erbsen gar sind und die Sauce etwas eingekocht ist. Die Nudeln in reichlich Salzwasser »al dente« kochen, mit dem Ragout vermengen und servieren. Den geriebenen Parmesan extra dazu reichen.

Makkaronisuppe nach römischer Art

Zuppa di maccheroni, alla romagnola

300 g Makkaroni,
100 g Butter,
1 Zwiebel,
1 Stange Lauch,
120 g roher Schinken,
200 g mageres Rindfleisch,
100 g frische Erbsen,
300 g Tomaten,
2 Zucchini,
Fleischbrühe,
1 Glas Weißwein (⅛ l),
1 Staudensellerie,
Parmesan,
Pfeffer, Salz

50 g Butter erhitzen, die gehackte Zwiebel hineingeben, dann die in Scheiben geschnittenen Zucchini, den geschnittenen Lauch und den gewürfelten Sellerie dazutun. Andünsten und Schinken und Rindfleisch in Würfel geschnitten hinzufügen. Von allen Seiten anbräunen lassen und mit dem Weißwein ablöschen; die Erbsen hineingeben, umrühren. Nun die passierten oder gehäuteten und in

Stücke geschnittenen Tomaten dazugeben, mit Pfeffer und Salz abschmecken und einige Minuten schmoren lassen. Mit Fleischbrühe verlängern; wenn sich alles bindet, nochmals Fleischbrühe nachfüllen, genügend, um die Makkaroni darin zu kochen. Makkaroni in die Suppe geben und gar kochen. Zuletzt an die Minestra den Rest der Butter und den geriebenen Parmesan geben.

Nudelteigtaschen mit Rindfleisch

Agnolotti di manzo

400 g Mehl,
4 Eier,
300 g mageres Rindfleisch (Hackfleisch),
160 g Butter,
120 g Zwiebeln,
2 dl Sahne,
Parmesan,
Muskatnuß,
Salz, Pfeffer

Nach dem Grundrezept den Teig herstellen aus dem Mehl, den Eiern und einer Prise Salz; ausrollen und in zwei Hälften teilen. In 80 g Butter die Zwiebeln anbräunen, das Hackfleisch dazugeben und ebenfalls anbräunen, mit Salz und Pfeffer würzen. Die Sahne und eine Prise Muskatnuß hinzufügen. Alles schmoren lassen, bis eine dickliche Masse entstanden ist, die in kleinen Häufchen in regelmäßigen Abständen auf eine der Teighälften verteilt wird. Nun die andere Teighälfte darüberlegen, den Teig zwischen den Füllungen zusammendrücken und mit einem Teigrad viereckige Agnolotti schneiden. Die Teigtaschen in reichlich Salzwasser 8–10 Minuten kochen, mit einer Schaumkelle herausholen und in eine Schüssel füllen. Mit Butter und geriebenem Parmesan anreichern und servieren.

Cannelloni mit Ragout und Hühnerleber

Cannelloni con ragù e fegatini

440 g Mehl,
6 Eier,
300 g mageres Rindfleisch (Hackfleisch),
100 g Hühnerleber,
160 g Butter,
½ l Milch,
Fleischbrühe,
½ Zwiebel,
1 Stück Sellerie,
1 Möhre,
Parmesan,
Petersilie,
Thymian,
Lorbeer,
1 Nelke,
Salz, Pfeffer

Den Teig für die Cannelloni aus 400 g Mehl, 4 Eiern, etwas Salz und einem Tropfen warmen Wassers verkneten und ausrollen. Rechteckige Stücke daraus schneiden, circa 6 × 8 cm, und kurz kochen. Das Ragout in einer Pfanne zubereiten: 60 g Butter erhitzen, Zwiebel, Sellerie, Möhre kleingehackt hineingeben, das Hackfleisch darin anbräunen und mit der Brühe ablöschen. Petersilie, Nelke und Lorbeer dazutun und mit Salz und Pfeffer abschmecken. Langsam durchschmoren lassen. Die Hühnerleber säubern, in kleine Stücke schneiden und in 30 g Butter anbraten; zu dem Ragout geben und gut miteinander vermischen. Das Ganze in eine Schüssel füllen und beiseite stellen. Wenn es etwas abgekühlt ist, 2 Eier und einen Eßlöffel Parmesan dazugeben, so daß eine ziemlich feste Masse entsteht. Diese dann auf die gekochten Teigstücke verteilen und einrollen. Cannelloni vorsichtig in eine gebutterte, feuerfeste Form legen — nebeneinander, nicht übereinander. Darüber eine Béchamelsauce gießen, die aus 50 g Butter, 40 g Mehl, Milch zum Ablöschen, etwas Salz und Pfeffer hergestellt wird. Geriebenen Parmesan darüberstreuen, einige Butterflöckchen darauf verteilen und im Backofen überbacken.

Nudeln alla Chitarra mit Lammragout

Maccheroni alla chitarra, col ragù di agnello

400 g Nudeln,
1 kg Lammfleisch,
100 g Olivenöl,
300 g Tomaten,
Weißwein,
2 Knoblauchzehen,
Schafskäse oder Parmesan,
Salz, Pfeffer

Es empfiehlt sich, Tagliatelle nach dem Grundrezept zuzubereiten und sehr fein zu schneiden, oder auch fertige zu kaufen. Das Rezept für das Ragout selbst ist einfach. In einer Pfanne das Öl erhitzen, die zerdrückten Knoblauchzehen einen Augenblick mit darin ziehen lassen, aber dann herausnehmen. 2 Lorbeerblätter hineingeben und das in Stücke geschnittene Lammfleisch darin anbraten; mit Salz und Pfeffer würzen. Wenn das Fleisch zu bräunen beginnt, mit einem halben Glas Weißwein ablöschen. Die in Stücke geschnittenen, geschälten Tomaten dazugeben und bei kleinem Feuer gar schmoren (das dauert einige Stunden). Immer, wenn die Flüssigkeit verschmort ist, wieder etwas Wasser, Weißwein oder Brühe dazugeben. Die fertige Sauce über die gekochten Nudeln gießen und servieren. Geriebenen Käse dazu reichen.

Die »maccheroni alla chitarra« stammen aus den Abruzzen. Seit Jahrhunderten werden die Nudeln dort mit einem Gerät hergestellt, das man »Gitarre« nennt; es ist ein Holzrahmen, in den in 3 mm Abstand Drahtsaiten gespannt sind. Der Teig wird auf 3 mm ausgerollt, dann auf diesen Rahmen gelegt und mit einem Nudelholz durch die Saiten gepreßt, so daß die eckig geformten Nudeln unten herausfallen.

Variante I: Zusammen mit den Tomaten eine in feine Streifen geschnittene Paprikaschote in die Sauce geben.

Variante II: In Bari werden an die kochende Sauce noch Zwiebel, Sellerie und ein wenig geriebener Schafskäse gegeben.

Arabischer Nudelauflauf

Teitli

500 g Makkaroni,
300 g gehacktes Hammelfleisch,
100 g Butter,
6 Eier,
100 g Parmesan,
roter Pfeffer,
Salz,
Petersilie

Dies ist die italienische Variante eines arabischen Gerichtes. Das gehackte Fleisch wird mit der Hälfte der Butter angeschmort. Dann Salz, roten Pfeffer und die gehackte Petersilie dazutun und gut durchrühren. Die Makkaroni kochen, abgießen und den Rest der Butter und den geriebenen Parmesan daruntermischen. Die Nudeln nun in eine gebutterte Auflaufform füllen und die Hackfleischmasse darübergeben. Die verquirlten Eier darübergießen, die Form in den heißen Backofen stellen und ca. 20 Minuten lang überbacken.

Variante: Anstatt rotem Pfeffer Curry nehmen.

Makkaroni mit Hammelragout und Curry

Maccheroni con lo spezzatino di montone al curry

500 g Makkaroni,
1 kg Hammelfleisch,
160 g Butter,
1 Glas Weißwein,
Fleischbrühe,
2 Zwiebeln,
Salz,
Currypulver

Hammelfleisch vom Knochen lösen, vom Fett befreien und in Würfel schneiden. In 80 g Butter mit der feingeschnittenen Zwiebel anbräunen. Mit dem Weißwein ablöschen, etwas einkochen lassen und mit ca. 1 Tasse Fleischbrühe auffüllen. Etwa 1½ Stunden lang durchschmoren lassen, bis das Fleisch gar ist. Zum Schluß 2 Eßlöffel Curry hinzufügen, dabei den Topf vom Feuer nehmen, das Gewürz soll nicht in die kochende Sauce gegeben werden. Das Ragout mit den inzwischen gekochten Spaghetti vermengen und servieren.

Nudeln mit Lammragout nach sardischer Art

Mallorreddus con il ragù di agnello alla sarda

500 g Nudeln,
1 Lammkeule, ca. 1 kg,
300 g Tomaten,
100 g Olivenöl,
Schafskäse,
½ Zwiebel,
Knoblauch,
Rosmarin,
Safran,
Salz, Pfeffer

In Sardinien wird die traditionelle Hirten-Pasta mit Lammfleisch zubereitet. Die Haut der Lammkeule mit einem spitzen Messer einritzen und mit Knoblauch und Rosmarin spicken. Mit Salz, Pfeffer und Öl einreiben. Das Fleisch in dem restlichen Öl in einem Schmortopf anbraten, rundherum bräunen, die feingeschnittene Zwiebel und die gehäuteten, in Stücke geschnittenen oder passierten Tomaten hinzufügen. Mit Salz und Pfeffer abschmecken und auf ganz kleiner Flamme einige Stunden schmoren lassen. Wenn die Sauce zu dick wird, ab und zu etwas lauwarmes Wasser dazugeben. Zum Schluß die Nudeln in reichlich Salzwasser kochen und mit der Sauce vermengen. Geriebenen Schafskäse extra dazu reichen. Das Fleisch als zweiten Gang servieren.

Makkaronisuppe mit Emmentaler Käse

Minestra di maccheroni all'Emmental

400 g Makkaroni,
100 g Butter,
150 g Emmentaler,
80 g Parmesan,
½ l Rindfleischbrühe,
Salz, Pfeffer

Die Butter in einer Pfanne erhitzen, den geriebenen Emmentaler hineingeben und sofort die kochende Rindfleischbrühe dazugießen. Wenn alles gut vermischt ist, die schon etwas vorgekochten Makkaroni hineingeben und einige Minuten mitkochen lassen, mit Salz und frisch gemahlenem Pfeffer abschmecken und servieren. Parmesan getrennt dazu reichen.

Nudelsuppe mit Kastanienpüree

Minestra di pasta con la purea di castagne

200 g Nudeln,
400 g geschälte Kastanien,
150 g Butter,
½ Zwiebel,
1 Stück Sellerie,
1½ l Rindfleischbrühe,
Salz, Pfeffer

Die geschälten Kastanien kochen. Die Hälfte der Butter in einem Topf erhitzen, Zwiebel und Sellerie gehackt hineingeben, danach die gekochten Kastanien hinzufügen. Einige Minuten schmoren lassen und durch ein Sieb streichen. Dieses Püree wieder in den Topf geben und mit der Rindfleischbrühe auffüllen, mit Salz und Pfeffer abschmecken. Inzwischen die Nudeln in reichlich Salzwasser knapp »al dente« kochen und in die Suppe geben. Zum Schluß noch einen Eßlöffel Butter beifügen, gut umrühren und servieren.

Nudeln in Rindfleischbrühe mit roten Rüben

Anellini in brodo con la barbabietola

400 g kleine Nudeln,
1½ l Rindfleischbrühe,
1 große rote Rübe,
3 Eigelb,
160 g Parmesan,
Salz, Pfeffer,
Muskatnuß

Die rote Rübe gut waschen, dann in leicht gesalzenem Wasser 1 Stunde kochen. Herausnehmen, abschrecken, pürieren oder entsaften. Fleischbrühe erhitzen, den Saft der roten Rübe hinzufügen, mit Pfeffer, Salz und Muskatnuß abschmecken. Die Nudeln in die Brühe geben und 10 Minuten kochen. Den Topf vom Feuer nehmen und vorsichtig die 3 verquirlten Eigelb und die Hälfte des Parmesans darunterziehen. Gut mischen und servieren, den Rest des Käses getrennt dazu reichen.

Nudeln mit neuem Pesto

Linguine col pesto nuovo

500 g Nudeln,
40 g Basilikum,
40 g Schafskäse,
40 g Petersilie,
1 Knoblauchzehe,
3 Walnußkerne,
2 EL Olivenöl,
1 TL Fleischextrakt,
Salz

Dies ist eine sehr aromatische Variante des klassischen Pesto. Die Walnüsse mit kochendem Wasser übergießen und die Haut abziehen. Zusammen mit der Knoblauchzehe in einem Mörser zerdrücken, auch Basilikum und Petersilie und den geriebenen Schafskäse beifügen und alles zu einem Brei zerstampfen. Nun einige Tropfen Öl sowie den mit etwas lauwarmem Wasser glattgerührten Fleischextrakt dazugeben und in einem Topf, möglichst aus Steingut, erhitzen. Die Nudeln inzwischen kochen und mit dem Pesto vermischen.

Kleine Nudeln alla Sorrentina

Lingue di passero alla sorrentina

500 g kleine Nudeln,
100 g Tomaten,
60 g Butter,
60 g Schinkenspeck,
Fleischbrühe,
1 Knoblauchzehe,
Basilikum,
Petersilie,
Salz, Pfeffer,
80 g Schafskäse

Die Butter in einem Topf erhitzen. Schinken, Knoblauch und Petersilie feingehackt hineingeben. Wenn alles zu bräunen anfängt, die enthäuteten, entkernten und in kleine Stücke geschnittenen Tomaten dazugeben, mit Salz und Pfeffer würzen. Nun den geriebenen Schafskäse und einige Blätter Basilikum hinzufügen und schmoren lassen. Falls die Sauce zu sehr einschmort, mit etwas Fleischbrühe verlängern. Nach etwa 30 Minuten ist sie fertig. Unter die inzwischen gekochten Nudeln heben und servieren.

Makkaroni mit Zwiebelsauce und Rindfleischbrühe

Maccheroni con la salsa di cipolle al brodo di manzo

500 g Makkaroni,
3 Zwiebeln,
½ l Rindfleischbrühe,
½ Glas Wein,
Salz, Pfeffer,
100 g geriebener Schafskäse

Die Fleischbrühe zum Kochen bringen und die feingeschnittenen Zwiebeln hineingeben. Auf kleiner Flamme weiterkochen lassen, bis die Fleischbrühe fast eingekocht ist, dann den Wein dazugeben und mit Salz und Pfeffer würzen. Wenn auch der Wein eingekocht ist, alles durch ein Sieb passieren. Diese Sauce mit den inzwischen gekochten Makkaroni vermengen und den Schafskäse getrennt dazu reichen.

Nudeln mit Paprikaschoten und rohem Fleisch

Pastina con i peperoni e carne cruda

300 g kleine Nudeln,
120 g geschmorte Paprikaschoten,
200 g Beefsteakhack,
1½ l Fleischbrühe,
Salz, Pfeffer,
100 g Parmesan

Das rohe Beefsteakhack mit Salz und Pfeffer würzen, die ebenfalls gehackten Paprikaschoten hinzufügen und gut miteinander mischen. Die Nudeln in der Fleischbrühe kochen, in tiefe Teller füllen und in jeden Teller einen gehäuften Eßlöffel der Hackfleischmasse geben. Getrennt dazu den Parmesan reichen.

Nudeln mit Zunge und Sahne

Tubettini con la lingua e crema

500 g Nudeln,
120 g Pökelzunge,
80 g frische Pilze,
1 Zwiebel,
50 g Butter,
50 g Speck,
2 dl Sahne,
Salz, Pfeffer,
100 g Parmesan

In einer Pfanne die Butter mit dem gewürfelten Speck und den feingeschnittenen Zwiebeln erhitzen. Die gewürfelte Zunge, die gesäuberten und kleingeschnittenen Pilze dazugeben und alles gut durchschmoren lassen. Mit Salz und Pfeffer würzen und die Sahne dazugießen. Die Nudeln in reichlich Salzwasser kochen, abgießen und mit dem Ragout vermengen. Parmesan getrennt dazu servieren.

Nudelsuppe mit gekochtem Rindfleisch

Zuppa di tagliolini col lesso

300 g Mehl,
3 Eier,
300 g gekochtes Rindfleisch,
1½ l Rindfleischbrühe,
Salz,
100 g Groviera oder Emmentaler

Die Nudeln nach dem Grundrezept herstellen, den Teig dünn ausrollen und in sehr feine Streifen schneiden. Das Rindfleisch kochen und aus dem Topf nehmen, die Nudeln in der Brühe kochen. Inzwischen das gekochte Rindfleisch durch den Wolf drehen, wieder in die Suppe geben, sofort danach den geriebenen Käse hinzufügen und servieren.

Makkaroniauflauf der 3 Grazien

Maccheroni alle 3 grazie

500 g Makkaroni,
300 g grob gehacktes Rindfleisch,
200 g Butter,
300 g Zwiebeln,
50 g Sahne,
120 g Parmesan,
30 g Mehl,
3 dl Milch,
Salz, Pfeffer,
Muskatnuß,
Fleischbrühe

Dies Gericht stammt aus der »Belle Epoque«. Es enthält drei verschiedene Saucen. Die erste ist ein Ragout: In einer Pfanne 80 g Butter erhitzen, die feingehackten Zwiebeln, das Hackfleisch, Salz, Pfeffer, Muskatnuß dazugeben und einschmoren; wenn die Sauce zu dick wird, mit etwas Fleischbrühe auffüllen. Die zweite Sauce: 40 g weiche Butter, 50 g Sahne und 40 g Parmesan kalt miteinander verkneten. Die dritte ist eine Béchamelsauce: 40 g Butter und 30 g Mehl in einer Pfanne miteinander verrühren, langsam nach und nach die Milch hineinrühren, mit Pfeffer, Salz und Muskatnuß würzen. Die Makkaroni in reichlich Salzwasser kochen, zuerst das Buttergemisch darunterheben, dann das Ragout. Schichtweise in eine gefettete Auflaufform füllen, über jede Schicht einige Löffel Béchamelsauce geben und geriebenen Parmesan darüberstreuen. Auf die letzte Schicht einige Butterflöckchen verteilen, mit Parmesan bestreuen und im Ofen überbacken.

Nudeln mit gekochtem Rindfleisch und roten Rüben

Pasta con lesso e barbabietole

250 g Nudeln,
200 g gekochtes Rindfleisch,
100 g rote Rüben,
1½ l Fleischbrühe,
Pfeffer,
100 g Parmesan

Die Nudeln in der Fleischbrühe kochen, die vorher gekochten roten Rüben in Würfel schneiden und dazugeben. Das gekochte Rindfleisch ebenfalls in Würfel schneiden und hinzufügen, mit Pfeffer würzen und servieren.

Nudelsalat mit gekochtem Rindfleisch

Conchiglie in insalata col lesso

300 g Nudeln,
300 g gekochtes Rindfleisch,
Öl, Essig,
Kapern,
Pfeffergurken,
Petersilie,
Salz, Pfeffer

Die Nudeln kochen, gut abgießen und abkühlen lassen. Mit dem in Würfel geschnittenen Rindfleisch vermischen. Öl und Essig nach Geschmack, die Kapern und die kleingeschnittenen Pfeffergurken dazugeben, mit gehackter Petersilie, Salz und Pfeffer würzen. Gut durchziehen lassen und servieren.

Schnelle Nudeln

Rigatoni saltati

500 g Nudeln,
300 g Rindfleisch,
50 g Butter,
50 g Olivenöl,
500 g geschälte Tomaten (Dose),
Rosmarin,
Lorbeer,
Salbei,
Salz, Pfeffer,
100 g Parmesan

Bei diesem Rezept wird das Fleisch nicht gehackt oder durch den Wolf gedreht, sondern in kleine Würfel von circa 1 cm Größe geschnitten. Öl und Butter in einer Pfanne erhitzen, einige Zweige Rosmarin, 4 Lorbeerblätter, einige Salbeiblätter und eine Prise Pfeffer hineingeben. Bei kleiner Flamme dünsten, so daß das Aroma sich voll entwickeln kann. Nun das gewürfelte Fleisch dazugeben und anbräunen. Die geschälten Tomaten hinzufügen (die Flüssigkeit vorher abgießen), einige Minuten durchschmoren lassen, und die Sauce ist fertig. Mit den inzwischen gekochten Nudeln vermengen und servieren. Den Parmesan getrennt dazu reichen.

Nudeln nach Zigeunerart

Bucatini alla zingara

500 g Nudeln,
80 g Olivenöl,
300 g Rinderhack,
2 Knoblauchzehen,
500 g Tomaten,
300 g Zwiebeln,
Petersilie,
1 TL Paprika,
Salz,
Fleischbrühe

Das Öl erhitzen, Knoblauch und Zwiebeln feingehackt darin anschmoren, die enthäuteten und kleingeschnittenen Tomaten und reichlich gehackte Petersilie dazugeben. Umrühren, das Rinderhack hinzufügen und einige Minuten schmoren lassen. Nun Paprika und Salz beifügen und schmoren, bis eine dicke Sauce entstanden ist. Mit Fleischbrühe verlängern und wieder einkochen lassen. Mit den gekochten Nudeln vermengen und servieren.
Dies ist eine rustikale Version des Ragout alla Bolognese.

Feurige Spaghetti

Spaghetti calorosi

500 g Spaghetti,
60 g Olivenöl,
1 Zwiebel,
1 Möhre,
1 Stück Sellerie,
300 g grobgehacktes Rindfleisch,
500 g Tomaten,
150 g Butter,
1 Glas Weinbrand,
Worcestersauce,
rote Pfefferschote,
schwarzer Pfeffer,
Salz,
2 dl Sahne,
100 g Parmesan

Dies ist eine scharfe Variante des Ragout und brennt am Gaumen wie Feuer, man kann jedoch die Menge der scharfen Zutaten reduzieren, um es etwas abzumildern. Wie üblich in dem heißen Öl gehackte Zwiebel, Sellerie und Möhre andünsten, das Hackfleisch dazugeben und anbräunen. Dann die durch ein Sieb passierten Tomaten beifügen, mit Pfeffer und Salz würzen. Einschmoren lassen, bis die Sauce dick ist. In einem anderen Topf die Butter erhitzen, ein Glas Weinbrand dazugießen und einkochen lassen. Grob gemahlenen schwarzen Pfeffer und ein Stück rote Pfefferschote oder roten Pfeffer in Pulverform hinzufügen, die Menge hängt vom persönlichen Geschmack ab. Alles gut miteinander vermischen, noch einige Spritzer Worcestersauce dazugeben und dann die Sahne dazugießen. Etwas umrühren und diese weiße Sauce unter die gekochten Spaghetti heben. Nun das Ragout hinzufügen, gut vermengen und servieren. Den Parmesan getrennt dazu reichen.

Auflauf aus grünen Lasagne alla Letizia

Lasagne alla Letizia

400 g Mehl,
4 Eier,
600 g Spinat,
300 g Rinderhack,
160 g Butter,
300 g Zwiebeln,
300 g Tomaten,
120 g Mozzarella,
60 g Fontina,
160 g Parmesan,
2 dl Sahne,
Salz, Pfeffer,
Muskatnuß,
Fleischbrühe

Grüne Lasagne herstellen aus Mehl, Eiern und dem ausgedrückten, durch ein Sieb passierten Spinat, siehe Grundrezept. Für das Ragout in einer Pfanne 80 g Butter erhitzen, die kleingehackten Zwiebeln mit dem Hackfleisch hineingeben, mit Salz, Pfeffer, Muskatnuß würzen und etwas anschmoren; dann die passierten Tomaten dazugeben. Schmoren lassen, ab und zu mit einigen Löffeln Fleischbrühe auffüllen, damit die Sauce nicht zu dick wird. Jetzt die Lasagne knapp »al dente« kochen, abgießen und mit Butter und dem Ragout vermengen. Schichtweise in eine gefettete Auflaufform füllen, auf jede Schicht eine Mischung aus Mozzarella, in Würfel geschnittenem Fontina oder anderem Hartkäse, Sahne und etwas geriebenem Parmesan geben. Auf die letzte Schicht nur Butterflöckchen legen und mit etwas Parmesan bestreuen. Im Ofen überbakken, bis eine goldbraune Kruste entsteht.

Kaiserspaghetti

Spaghetti imperiali

500 g Spaghetti,
500 g mageres Rindfleisch,
140 g Butter,
400 g Zwiebeln,
1 Möhre,
1 Stück Sellerie,
100 g Pilze (frisch oder getrocknet),
100 g Foie gras (Gänseleberpastete),
60 g schwarze Trüffel,
½ Glas Madeira oder Marsala,
Salz, Pfeffer

80 g Butter in einem Topf erhitzen, 300 g Zwiebeln, die Möhre und den Sellerie feinhacken und darin dünsten. Das Fleisch im Stück dazugeben. Anbraten, mit Pfeffer und Salz würzen, mit lauwarmem Wasser bedecken und langsam kochen lassen bis es gar ist, mindestens 2–3 Stunden. In einer anderen Pfanne den Rest der Butter mit dem Rest der Zwiebeln dünsten, die geputzten und kleingeschnittenen Pilze hineingeben, einige Minuten schmoren lassen und zur Fleischsauce geben. Zusammen durchkochen lassen, den Wein hineingießen und etwas einkochen lassen. Dann die in Würfel geschnittene Leberpastete dazugeben, vorsichtig umrühren. Zum Schluß die kleingehackten Trüffel beifügen, nochmals umrühren und mit den gekochten Spaghetti vermengen. Das Fleisch anderweitig verwenden.

Rezepte mit Wild

Makkaroni mit Fasan

Maccheroncini col fagiano

500 g gebrochene Makkaroni,
1 Fasan,
40 g Speck,
40 g Butter,
1 Zwiebel,
1 Stück Sellerie,
3 Eigelb,
1 Glas Rotwein,
Muskatnuß,
Salz, Pfeffer,
Parmesan

Den Fasan am Spieß braten, die besten Fleischteile herausschneiden und den Rest in leicht gesalzenem Wasser auskochen. Speck, Zwiebel und Sellerie kleinhacken und in der Butter anrösten, das kleingeschnittene Fasanenfleisch hineingeben, umrühren und mit Salz, Pfeffer und Muskatnuß würzen. Den Wein dazugießen und einkochen lassen, einige Eßlöffel der Fasanenbrühe dazugeben und alles gut durchschmoren lassen. Zum Schluß den Topf vom Feuer nehmen und vorsichtig die verquirlten Eigelb unterziehen. Diese Sauce mit den gekochten Makkaroni vermengen, servieren und den Parmesan getrennt dazu reichen.

Nudeln mit Ente

Bigoli con l'anitra

500 g Buchweizenmehl, Roggenmehl oder Weizenmehl,
2 Eier,
1 Ente,
2 EL Granatapfelsaft (Grenadine),
40 g Butter,
40 g Olivenöl,
1 Zwiebel,
1 Stück Sellerie,
1 Möhre,
Salbei,
Lorbeer,
Salz, Pfeffer

Bigoli sind Nudeln, wie man sie in Venetien herstellt: Das Mehl mit den Eiern und einer Prise Salz verkneten. Wenn nötig etwas lauwarmes Wasser hinzufügen und gut durcharbeiten, bis man einen gleichmäßigen, elastischen Teig erhält. Wenn möglich, durch eine

Spätzlepresse drücken; sonst den Teig ausrollen und in Streifen schneiden.
Die Ente wird abgesengt, ausgenommen und gewaschen. Dann den ganzen Vogel in einem großen Topf in leicht gesalzenem Wasser zusammen mit Zwiebel, Möhre und Sellerie gar kochen. Die Ente aus dem Topf nehmen und beiseite stellen, sie wird als 2. Gang mit einer pikanten Sauce gereicht; in Venetien serviert man eine Pfeffersauce dazu. Die Brühe durch ein Sieb gießen und die Nudeln darin kochen. Inzwischen folgende Sauce zubereiten: Öl und Butter mit 2 Lorbeerblättern und 2 Salbeiblättern erhitzen, die Entenleber und die anderen Innereien kleingeschnitten darin anbräunen. Nach kurzer Zeit den Granatapfelsaft dazugießen und mit Salz und Pfeffer würzen. Alles zusammen einschmoren lassen und mit den gekochten Nudeln vermengen.

Nudeln mit Hasensauce

Pasta col sugo di lepre

500 g Nudeln,
1,2 kg Hasenpfeffer,
4 dl Rotwein,
60 g Bauchspeck,
Fleischbrühe,
60 g Olivenöl,
40 g Butter,
Zwiebel,
Sellerie,
Muskatnuß,
Thymian,
Lorbeer,
Salz, Pfeffer

Man legt das Hasenfleisch für 12 Stunden in eine Marinade, die aus folgenden Zutaten besteht: 4 dl Rotwein, 1 Zwiebel und ein Stück Sellerie kleingeschnitten, einige ganze Pfefferkörner, etwas Thymian und Lorbeer.
Für die Sauce 60 g kleingeschnittenen Bauchspeck in 60 g Olivenöl anrösten, die Hasenfleischstücke gut abgetropft hineingeben, anbräunen lassen und mit Salz und Muskatnuß würzen. Bei kleinem Feuer 1½ Stunden lang schmoren lassen und ab und zu etwas von der Marinade und etwas Fleischbrühe dazugeben. Zum Schluß die Sauce durch ein Sieb streichen und mit den gekochten Nudeln vermengen.

Makkaroni mit Wildbraten (Resteverwertung)

Maccheroni con l'arrosto di selvaggina

500 g gebrochene Makkaroni,
300 g Wildbraten (Wildschwein, Reh, Damwild, Hirsch),
120 g Butter,
60 g Speck,
1 Glas Weinbrand,
2 EL Tomatenmark,
Wacholder,
Thymian,
Majoran,
Salz, Pfeffer

60 g Butter mit dem feingeschnittenen Speck in einer Pfanne erhitzen, die zerdrückten Wacholderbeeren, je eine Prise Thymian und Majoran hineingeben, dann das gebratene Fleisch vom Wild, in kleine Würfel geschnitten, dazutun und unter Umrühren anbräunen; mit Salz und Pfeffer abschmecken. Den Weinbrand darübergießen und etwas einkochen lassen. Das Tomatenmark mit etwas warmem Wasser verrühren, hinzufügen und alles gut durchschmoren lassen. Die gekochten Makkaroni in dem Rest der Butter schwenken und mit der Sauce vermengen.

Variante: Getrocknete Pilze in warmem Wasser quellen lassen, dann in Stückchen schneiden und nach dem Fleisch mit in die Sauce geben.

Makkaroni mit Wachtelsauce

Maccheroni con sugo di quaglie

500 g Makkaroni,
300 g Wachtelbrüste,
100 g Pilze,
3 Eigelb,
80 g Butter,
½ l Rotwein,
Fleischbrühe,
Salz, Pfeffer,
Parmesan

Zuerst in der Butter die Wachtelbrüste anbraten, mit Salz und Pfeffer würzen, dann die kleingeschnittenen Pilze hinzufügen und anschmoren. Die Wachtelbrüste herausnehmen, durch ein Sieb streichen, die Masse wieder in den Topf zurückgeben, mit etwas Wein begießen. Wenn er eingekocht ist, etwas Fleischbrühe dazugeben. Wieder einkochen lassen; achtgeben, daß der Fond flüssig bleibt. Dann den Topf vom Feuer nehmen und vorsichtig die Eigelb darunterrühren. Über die inzwischen gekochten Makkaroni füllen und den Parmesan getrennt dazu servieren.

Spaghetti nach Jägerart mit Wildschwein

Spaghetti alla cacciatora con cinghiale

500 g Spaghetti,
30 g getrocknete Pilze,
1 Glas Rotwein,
500 g Fleisch vom Wildschwein,
80 g Olivenöl,
2 Knoblauchzehen,
60 g Tomatenmark,
Mehl,
Salz, Pfeffer,
Rosmarin

Das Öl in der Pfanne erhitzen, die Knoblauchzehen gehackt oder zerdrückt mit hineingeben. Das Fleisch in Würfel schneiden, in Mehl wenden und mitbraten. Rosmarin hinzufügen und achtgeben, daß das Fleisch nicht zu braun wird. Die Pilze in lauwarmem Wasser einweichen; in Stücke schneiden und zu dem Fleisch geben. Einige Minuten lang mitschmoren lassen und dann mit dem Wein ablöschen. Etwas einkochen lassen, das Tomatenmark mit etwas lauwarmem Wasser glattrühren und mit in die Pfanne geben. Alles bei kleinem Feuer etwa 1 Stunde lang garschmoren, ab und zu etwas Wasser nachfüllen, damit nichts ansetzt. Die Nudeln kochen, mit dem Wildragout vermengen und servieren.

Variante: Man kann dieses Rezept auch mit Reh-, Hirsch- oder Damwildfleisch zubereiten.

Nudeln mit Bastardsauce

Pappardelle bastarde

500 g Mehl,
3 Eier,
1 Hasenkeule,
200 g Kalb- oder Rindfleisch,
80 g Olivenöl,
1 Zwiebel,
1 Möhre,
1 Stück Sellerie,
1 Knoblauchzehe,
2 Nelkenköpfe,
Petersilie,
Muskatnuß,
Salbei,
Rosmarin,
1 EL Tomatenmark,
1 Glas Weinbrand,
1 Glas Rotwein,
Fleischbrühe,
Salz, Pfeffer

Die Sauce heißt so, weil sie nicht nur Hasenfleisch, sondern auch anderes Fleisch enthält, was ihren besonderen Geschmack ausmacht. Das Öl in einer Pfanne mit der kleingeschnittenen Zwiebel, der kleingehackten Möhre, Sellerie, Petersilie und der zerdrückten Knoblauchzehe erhitzen, das gehackte Hasen- und Kalbfleisch hineingeben, ein wenig anbräunen und dann mit den Nelkenköpfen, einer Prise Muskatnuß, Salz und Pfeffer würzen.

Unter Umrühren schmoren lassen, bis sich alles gut miteinander verbindet, erst dann einen Zweig Rosmarin und einige Salbeiblätter beifügen, so können sie ihr Aroma richtig entfalten. Einige Minuten durchschmoren lassen, den Weinbrand dazugeben und einkochen lassen. Das Tomatenmark mit etwas lauwarmem Wasser oder mit Fleischbrühe glattrühren und in die Sauce geben, danach ein Glas Chianti oder Barolo dazugießen und alles noch etwa 10 Minuten schmoren lassen. Die Pappardelle möglichst schon vorher nach dem Grundrezept für Nudeln herstellen: Den Teig gut ausrollen und breite Streifen daraus schneiden, in reichlich Salzwasser kochen und mit der Sauce vermengen.

Fettuccine mit Wildente

Fettuccine con l'anitra selvatica

400 g Mehl,
4 Eier,
40 g Olivenöl,
1 Wildente,
40 g Butter,
50 g Speck,
2 Zwiebeln,
1 Knoblauchzehe,
Nelkenköpfe,
300 g Tomaten,
1 Möhre,
1 Stück Sellerie,
1 Glas Weißwein,
Fleischbrühe,
Salz, Pfeffer,
Parmesan

Eine junge Wildente ausnehmen, gut säubern und in den Brustkorb eine Zwiebel legen, in die die Nelken gesteckt sind; so verschwindet der strenge Wildgeschmack während des Garens. Zusammenbinden und in einem Gemisch aus Butter, Öl, feingehacktem Speck mit den Zwiebelscheiben und der zerdrückten Knoblauchzehe von allen Seiten anbräunen. Bei sehr kleinem Feuer schmoren; zu dem Fond etwas Brühe gießen, dann die passierten Tomaten, die Möhre und den Sellerie kleingehackt dazugeben, mit Salz und Pfeffer würzen. Langsam schmoren lassen. Wenn der Fond eingekocht ist, den Wein dazugießen. Die Ente ist gar, wenn sie sich leicht von den Knochen lösen läßt. Dann aus dem Topf nehmen, das Fleisch ablösen, kleinschneiden und zurück in die Sauce geben. Noch etwas umrühren, damit sich alles gut vermischt. Die Fettuccine inzwischen nach dem Grundrezept herstellen und kochen, alles miteinander vermengen und servieren. Den Parmesan getrennt dazu reichen.

Von agnolini bis zite — die wichtigsten Nudelarten Italiens

Agnolini	kleine Teigtäschchen
Anellini	kleine, ringförmige Teigtäschchen
Avemarie	kleine Kroketten
Bigoli	kurze, spätzleartige Nudeln
Bucatini	kurze, breite Hohlnudeln
Canederli	kleine Knödel
Cannelloni	große, gefüllte Hohlnudeln
Cappelletti	kleine, hutförmige gefüllte Nudeln
Casônsei	große Teigtaschen
Conchigliette	muschelförmige Nudeln
Farfalle	schmetterlingsförmige Nudeln
Fettuccine	Bandnudeln
Fusilli	lange, spindelförmige Nudeln
Gnocchi	kleine, längliche Knödel
Lasagne	breite, flache Bandnudeln oder Teigblätter
Lasagnette	kleine Lasagne
Lingue di passero	»Spatzenzungen«, dicke Spaghettiart
Lumache	schneckenförmige Nudeln
Lumachine	kleine, schneckenförmige Nudeln
Maccheroni	Makkaroni; lange Hohlnudeln
Maccheroncini	kurze Makkaroni
Malloreddus	Grießklöße
Orecchiette	kleine ohrförmige Nudeln
Pappardelle	Bandnudelart
Pasta	Oberbegriff für alle Teigwaren
Penne	kurze, dicke Hohlnudeln, die an den Enden spitz zulaufen
Ravioli	Teigtaschen
Rigatoni	kurze, gerillte Hohlnudeln
Spaghetti	lange, dünne Fadennudeln
Spaghettini	sehr feine Fadennudeln, kurz
Tagliatelle	Bandnudeln

Tagliolini	feinere Bandnudeln
Teitli	kleine Knödel
Tortelli	große Teigtaschen
Tortellini	kleine Teigtaschen
Trenette	lange, dünne Bandnudeln
Tubetti	kurze Hohlnudeln
Vermicelli	Fadennudeln
Zite	Hohlnudeln

Register

DEUTSCH

Bandnudeln mit Hühnerlebersauce 97
Bucatini mit verlorenen Eiern 55
Bucatini mit Pilzen und Tomaten 40
Bucatini mit grünem Spargel 25
Bucatini mit Wurst 103
Bucatini mit Zwiebelsauce 15
Cannelloni 32
Cannelloni, gefüllt 53
Cannelloni mit Ragout und Hühnerleber 132
Cannelloni auf sizilianische Art 122
Fettuccine alla Carbonara 64
Fettuccine mit Wildente 151
Fusilli mit Tomaten 41
Gnocchi aus Frischkäse mit Bauchspeck 99
Gnocchiauflauf mit Käse 43
Lagane mit Milch 56
Lasagne 33
Lasagne, Auflauf aus L., Frischkäse, Auberginen und Nüssen 41
Lasagne, Auflauf aus grünen L. alla Letizia 143
Lasagne, Auflauf aus L. und Schinken 100
Lasagne, grün, mit Ragout nach Bologneser Art 111
Lasagne mit Mohn 23
Lasagne, überbacken, alla Ferrarese 106
Lasagne, überbacken, mit gekochtem Schinken nach neapolitanischer Art 107
Makkaroni mit Auberginenragout 125
Makkaroni, aufgewärmte 39
Makkaroni mit Bratenresten 80
Makkaroni Escoffier 78
Makkaroni mit Fasan 146
Makkaroni mit Fleischsauce 121
Makkaroni mit Foie gras 84
Makkaroni mit Grieben 98
Makkaroni mit Hammelragout und Curry 134
Makkaroni nach Hirtenart 95
Makkaroni mit Huhn 78
Makkaroni mit Hühnerbrust 85
Makkaroni mit Kalbsragout 79
Makkaroni Kardinalsart 74
Makkaroni mit 4 Käsesorten 38
Makkaronikroketten 54
Makkaroni mit Mandelsauce 27
Makkaroni nach Art der Müllerin 98
Makkaroni mit Paprikaschoten 20
Makkaroni Piedigrotta 95
Prinzeßmakkaroni 81
Makkaroni mit echtem neapolitanischem Ragout 94
Makkaroni mit weißem Ragout 124
Makkaroni mit Salsiccia 102
Makkaroni mit Schinken 92
Makkaroni mit Spiegeleiern 51
Kleine Makkaroni mit Spinatsauce und Sardellen 67
Makkaroni mit Thunfischsauce und Erbsen 60
Makkaroni-Timbale 48
Makkaroni mit Wachtelsauce 148
Makkaroni mit Wildbraten 148
Makkaroni mit Zucchiniauflauf und Parmesan 42
Makkaroni mit Zwiebelsauce und Rindfleischbrühe 138
Makkaroni-Auflauf 65
Makkaroniauflauf mit Béchamelsauce 44
Makkaroniauflauf, bunter, mit Schinken 108

Makkaroniauflauf der 3 Grazien 140
Makkaroniauflauf mit Miesmuscheln, Herzmuscheln und Eiern 76
Makkaroniauflauf, neapolitanischer 93
Makkaronipastete mit grüner Sauce 118
Makkaronipastete mit Huhn 79
Makkaronipastete Messina 82
Makkaronisuppe mit Emmentaler Käse 135
Makkaronisuppe nach römischer Art 130
Minestrone nach neapolitanischer Art 112
Nudeln all'Arrabbiata 104
Nudeln mit Artischocken und Thunfisch 74
Nudeln mit Auberginen 17
Nudeln mit Auberginen und Ei nach Feinschmeckerart 51
Nudeln mit Bastardsauce 150
Nudeln mit dicken Bohnen und Schinken 101
Nudeln und Bohnen nach venezianischer Art 43
Nudeln mit Broccoli und Speck 100
Nudeln mit Butter und Parmesan nach englischer Art 30
Nudeln mit Butter und Tomaten 34
Nudeln nach Capri-Art 69
Nudeln alle Carbonara 105
Kleine Nudeln mit Eiern 50
Nudeln mit Ei und gekochtem Schinken 92
Nudeln mit Ente 146
Nudeln mit Erbsen 19
Nudeln mit Falstaff-Sauce 26
Nudeln mit Fenchel 25
Nudeln mit Fischbrühe 72
Nudeln mit Gänseragout 85
Nudeln, gefüllt, mit Kalbshirn 90
Nudeln mit Hasensauce 147
Nudeln mit Herzmuscheln und Tomaten 67
Nudeln in Hühnerbrühe mit Erbsen, Spargel und Ei 83
Nudeln in Hühnerbrühe mit Zitrone 83
Nudeln mit Kartoffeln 19
Nudeln mit Krabben 70
Nudeln alla Chitarra mit Lammragout 133
Nudeln mit Lammragout nach sardischer Art 135
Nudeln mit Lebersauce nach Genueser Art 89
Nudeln mit Linsen 118
Nudeln alla Matriciana 104
Nudeln »Milano« 65
Nudeln mit Mozzarella 35
Nudeln mit Paprikaschoten und rohem Fleisch 138
Nudeln mit Pesto 37
Nudeln mit neuem Pesto 137
Nudeln mit Pilzen 18
Nudeln alle Puttanesca 58
Nudeln mit Ragout nach Bologneser Art 122, 123, 124
Nudeln mit Ragout und Erbsen 130
Nudeln mit Räucherlachs 60
Nudeln mit Räucherlachs nach Ugo Tognazzi 61
Nudeln mit gekochtem Rindfleisch und roten Rüben 140
Nudeln in Rindfleischbrühe mit roten Rüben 136
Nudeln mit Rosenkohl nach sizilianischer Art 18
Nudeln mit Salami und Frischkäse 103
Nudeln mit Salsiccia 102
Nudeln mit Sardinen 66
Nudeln mit Schnecken 87
Schnelle Nudeln 141
Kleine Nudeln alla Sorrentina 137
Nudeln mit Spargelcreme und Eiern 54
Nudeln mit Taubenragout 88
Nudeln mit gebackenen Tomaten 22
Nudeln mit Walnußsauce 15

Nudeln mit Weinbrand 35
Nudeln nach Zigeunerart 142
Nudeln mit Zunge und Sahne 139
Nudelauflauf, arabischer 134
Nudelauflauf »Capri« 129
Nudelauflauf alla Messisbugo 68
Nudelauflauf mit Pilzen und Hühnerleber in Madeira 127
Nudelomelett 48
Nudelomelett, gefüllt 110
Nudel-Hühner-Salat 84
Nudelsalat, kalter 23
Nudelsalat mit gekochtem Rindfleisch 141
Nudelsuppe mit Kastanienpüree 136
Nudelsuppe mit gekochtem Rindfleisch 139
Nudelteigtaschen mit Rindfleisch 131
Pasta mit einfachem Ragout nach neapolitanischer Art 126
Ravioli, delikate gebratene 52
Ravioli mit Fischfüllung und Frischkäse 73
Ravioli mit Frischkäse und Hartkäse 50
Ravioli, grüne 52
Ravioli, überbackene, in Tomatensauce 112
Rigatoni nach Art der Landfrauen 120
Rigatoni mit Schinken und Oliven 101
Russischer Salat mit Nudeln, Zunge und Hummer 90
Spaghetti nach Art des Admirals 61
Spaghetti mit Apfelsauce 26
Spaghetti mit Auberginen und Paprikaschoten 24
Spaghetti, feurige 142
Spaghetti nach Fuhrmannsart 106
Spaghetti mit Gorgonzola und Frischkäse 38
Spaghetti nach Jägerart mit Wildschwein 149
Kaiserspaghetti 144
Spaghetti mit Kartoffeln 31
Spaghetti mit Käse und Pfeffer 36
Spaghetti mit Kaviar 62
Spaghetti mit Knoblauch und Öl 14
Spaghetti nach Art der verzweifelten Köchin 119
Spaghetti »Leichte Kavallerie« 55
Spaghettigericht aus dem ligurischen Küchengarten 14
Spaghetti mit Lorbeer 20
Gabelspaghetti alla Lucia 88
Spaghetti mit Mozzarella und rohen Tomaten 36
Spaghetti mit Olivensauce 16
Spaghetti mit Petersilie, Basilikum und Mozzarella 31
Spaghetti nach Pizzaiola-Art 120
Spaghettisalat 96
Spaghetti mit Salerner Sauce 59
Spaghetti mit saurer Sahne 30
Spaghetti mit Seebarsch 62
Spaghetti nach Seemannsart 21
Spaghetti mit Selleriesauce 24
Spaghetti mit Speck und Ei 99
Spaghetti mit Tintenfisch 63
Spaghetti mit gefülltem Tintenfisch 71
Spaghetti mit Tomatensauce, Knoblauch und Zwiebel 16
Spaghettini mit Weintrauben 21
Spaghetti mit Zucchini 22
Spinatklößchen 44
Tagliatelle »Belle Epoque« 72
Tagliatelle, grüne, mit Miesmuscheln 75
Tagliatelle mit Kakao 114
Tagliatelle mit Kaninchenragout 80
Tagliatelle mit Nuß- und Tomatensauce 39
Tagliatelle, Trientiner Art, mit Kalbsragout 86
Tagliatelle mit Trüffeln 40
Teigblätter, gefüllt, italienisch 128
Teigtaschen Bergamasco 114
Teigtaschen mit Kürbisfüllung nach Bauernart 56

Thunfischsalat mit Nudeln 70
Tortellini in Sahne 109
Tortellini, überbackene 113
Vermicelli mit gerösteten Brotkrumen 58

ITALIENISCH

Agnolotti di manzo 131
Anellini in brodo con la barbabietola 136
Bigoli con l'anitra 146
Bucatini con gli asparagi 25
Bucatini al brandy 35
Bucatini alla carbonara 105
Bucatini con i funghi 18
Bucatini con funghi e pomodori 40
Bucatini con i gamberetti 70
Bucatini alla matriciana 104
Bucatini con mozzarella 35
Bucatini col salame 103
Bucatini col salame el la ricotta 103
Bucatini con salsa di cipolle 15
Bucatini con salsa di noci 15
Bucatini con le uova in camicia 55
Bucatini alla zingara 142
Cannelloni 32
Cannelloni con ragù e fegatini 132
Cannelloni ripieni 53
Cannelloni alla siciliana 122
Cappelletti col ripieno di cervello 90
Casônsei bergamaschi 114
Conchiglie in insalata col lesso 141
Conchiglie in insalata col tonno 70
Conchigliette olio e limone 23
Crochette di maccheroni 54
Farfalle al salmone 60
Fettucine con l'anitra selvatica 151
Fettucine alla carbonara 64
Frittata di pasta 48
Frittata di pasta imbottita 110
Fusilli al pomodoro 41
Gnocchi alla bava 43
Gnocchi di ricotta con la pancetta 99
Insalata russa con pasta, lingua e aragosta 90
Lagane con il latte 56
Lasagne 33
Lasagne al forno, alla ferrarese 106
Lasagne alla Letizia 143
Lasagne con papavero 23
Lasagne con la ricotta, melanzane e noci 41
Lasagne verdi col ragù alla bolognese 111
Lingue di passero alla sorrentina 137
Linguine alla caprese 69
Linguine col pesto nuovo 137
Linguine al salmone di Ugo Tognazzi 61
Maccheroni con l'arrosto di selvaggina 148
Maccheroni del cardinale 74
Maccheroni alla chitarra, col ragù di agnello 133
Maccheroni con i cigoli 98
Maccheroni alla Escoffier 78
Maccheroncini col fagiano 146
Maccheroni al foie gras 84
Maccheroni ai 4 formaggi 38
Maccheroni al gratin con salsa bechamel 44
Maccheroni alle 3 grazie 140
Maccheroni alla mulinara 98
Maccheroni con la parmigiana di zucchine 42
Maccheroni alla pastora 95
Maccheroni con i peperoni 20

Maccheroni di Piedigrotta 95
Maccheroni con pollo 79
Maccheroni con i petti di pollo alla favorita 85
Maccheroni alla principessa 81
Maccheroni al prosciutto 92
Maccheroni imbottiti al prosciutto 108
Maccheroni col ragù bianco 124
Maccheroni col ragù alle melanzane 125
Maccheroni col ragù napoletano verace 94
Maccheroni con ragù di vitello 79
Maccheroni con la salsa di cipolle al brodo di manzo 138
Maccheroni con la salsa di mandorle 27
Maccheroncini in salsa di spinaci all'acciuga 67
Maccheroncini con salsa di tonno e piselli 60
Maccheroni con la salsiccia 102
Maccheroni con lo spezzatino di montone al curry 134
Maccheroni al sugo 121
Maccheroni con sugo di quaglie 148
Maccheroni con le uova 51
Maccheroni usati 39
Malfatti (Gnocchi) 44
Mallorreddus con il ragù di agnello alla sarda 135
Minestra di maccheroni all'Emmental 135
Minestra di pasta con la purea di castagne 136
Minestrone napoletano 112
Napoletanina 80
Pappardelle bastarde 150
Pasta con broccoletti alla siciliana 18
Pasta con i broccoli al lardo 100
Pasta in brodo al limone 83
Pasta nel brodo di pesce 72
Pasta in brodo con piselli, asparagi e uova 83
Pasta al burro e parmigiano all'inglese 30
Pasta al burro e pomodoro 34
Pasta con carciofi e tonno 74
Pasta con la crema di asparagi e uova 54
Pasta e fagioli alla veneta 43
Pasta con le fave, al prosciutto 101
Pasta col finocchio 25
Pasta al forno alla napoletana 93
Pasta in insalata col pollo 84
Pasta e lenticchie 118
Pasta con lesso e barbabietole 140
Pasta con le lumache 87
Pasta con melanzane e uovo, alla golosa 51
Pasta e patate 19
Pasta con piselli 19
Pasta col ragù alla bolognese 122, 123, 124
Pasta col ragù di oca 85
Pasta col ragù di piccione 88
Pasta col ragù e piselli 130
Pasta col ragù semplice, alla napoletana 126
Pasta con la salsa Falstaff 26
Pasta con salsa di fegato alla genovese 89
Pasta col sugo di lepre 147
Pasta 'ncaciata, alla messinese 82
Pasta con le sarde, alla palermitana 66
Pasticcio di lasagne alla Messisbugo 68
Pasticcio di lasagne col prosciutto cotto, alla napoletana 107
Pasticcio di maccheroni con le cozze, vongole e uova 76
Pasticcio di maccheroni col pollo 79
Pasticcio di maccheroni con salsa verde 118
Pastina con i peperoni e carne cruda 138
Pastina con l'uovo 50
Penne all'arrabbiata 104
Ravioli al forno con salsa di pomodoro 112

Ravioli fritti delicati 52
Ravioli di pesce con la ricotta 73
Ravioli con la ricotta e il formaggio 50
Ravioli verdi 52
Rigatoni alla contadina 120
Rigatoni col prosciutto e le olive 101
Rigatoni con la salsiccia 102
Rigatoni saltati 141
Rigatoni con uova e prosciutto cotto 92
Spaghetti aglio e olio 14
Spaghetti all'alloro 20
Spaghetti all'ammiraglia 61
Spaghetti con bacon e uova 99
Spaghetti al branzino 62
Spaghetti alla cacciatora con cinghiale 149
Spaghetti cacio e pepe 36
Spaghetti calorosi 142
Spaghetti alla carrettiera 106
Spaghetti alla cavalleggera 55
Spaghetti al caviale 62
Spaghetti alla disperata 119
Spaghetti con gorgonzola e ricotta 38
Spaghetti imperiali 144
Spaghettini alla Lucia 88
Spaghetti dell'orto ligure 14
Spaghetti alla marinara 21
Spaghetti con le melanzane 17
Spaghetti con le melanzane e peperoni 24
Spaghetti col sugo di mele 26
Spaghetti con mozzarella e pomodoro a crudo 36
Spaghetti alla panna acida 30
Spaghetti con le patate 31
Spaghetti alla pizzaiola 120
Spaghetti con prezzemolo, basilico e mozzarella 31
Spaghetti con salsa di olive 16
Spaghetti con salsa di pomodori, aglio e cipolla 16
Spaghetti con salsa salernitana 59
Spaghetti con salsa di sedano 24
Spaghetti con le seppie 63
Spaghetti con le seppie ripiene 71
Spaghettini con l'uvetta 21
Spaghetti con le zucchine 22
Tagliatelle »belle epoque« 72
Tagliatelle al cacao 114
Tagliatelle col sugo di coniglio 80
Tagliatelle con funghi e fegatini di pollo al Madera 127
Tagliatelle con salsa di noci e pomodoro 39
Tagliatelle con tartufo 40
Tagliatelle trentine col ragù di vitello 86
Tagliatelle verdi con le cozze 75
Teitli 134
Timballo di maccheroni 48
Timpano di lasagne nel prosciutto 100
Tortellini gratinati 112
Tortellini alla panna 109
Tortelli di zucca alla rustica 56
Trenette con pesto 37
Tubettini con la lingua e crema 139
Vermicelli con la mollica 58
Vermicelli alla puttanesca 58
Vermicelli con le vongole, al pomodoro 67
Zite con pomodori al forno 22
Zuppa di maccheroni, alla romagnola 130
Zuppa di tagliolini col lesso 139